水资源利用与管理丛书

王宇 梁博 刘萍 高伟 ／ 著

城镇供水
价格机制

URBAN WATER SUPPLY PRICING MECHANISM

本书出版得到四川省科技计划项目"四川省城镇供水价格机制研究"（2022JDR0304）、成都理工大学管理科学学院学科建设项目的资助。

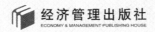

经济管理出版社
ECONOMY & MANAGEMENT PUBLISHING HOUSE

图书在版编目（CIP）数据

城镇供水价格机制 / 王宇等著. -- 北京 ：经济管
理出版社，2024. -- ISBN 978-7-5096-9883-9

Ⅰ．F426.9

中国国家版本馆 CIP 数据核字第 2024R76V29 号

组稿编辑：王光艳

责任编辑：王光艳

责任印制：黄章平

出版发行：经济管理出版社

           （北京市海淀区北蜂窝 8 号中雅大厦 A 座 11 层　100038）

网　　址：www.E-mp.com.cn

电　　话：(010)51915602

印　　刷：北京市海淀区唐家岭福利印刷厂

经　　销：新华书店

开　　本：720mm×1000mm /16

印　　张：11.5

字　　数：177 千字

版　　次：2024 年 11 月第 1 版　　2024 年 11 月第 1 次印刷

书　　号：ISBN 978-7-5096-9883-9

定　　价：68.00 元

本书编委会

（按姓氏笔画顺序）

丁邺欣　王　宇　王　鹏　艾兴宇　叶雅雪　刘　萍
纪胜军　李　鑫　严斯亮　张　莹　张文学　郑偲翀
赵婉汝　高　伟　梁　博　廖妮娜　樊　芳　樊雨鑫

前言

PREFACE

水是生命之源。城镇供水是事关人民群众身体健康、生命安全和社会稳定的头等大事，城镇供水价格是水资源优化配置的重要手段，合理的供水价格是推动水资源可持续利用和城镇供水事业高质量发展的重要驱动力。改革开放以来，中国城镇供水事业取得了长足发展，但也应该看到，在现行体制下，城镇供水价格机制还未完全适应新时代的要求，一些制约发展的内在矛盾还没有从根本上得到解决。2020 年 12 月 23 日发布，2021 年 3 月 1 日起施行的《国务院办公厅转发国家发展改革委等部门关于清理规范城镇供水供电供气供暖行业收费　促进行业高质量发展意见的通知》(国办函〔2020〕129 号)，对城镇供水收费及水价制定的相关内容做出了重点要求及工作部署。2021 年 10 月 1 日起施行的《城镇供水价格管理办法》和《城镇供水定价成本监审办法》在城镇供水价格管理方面提出了规范性要求。

相关政策的出台为城镇供水价格改革指明了方向，但在实际应用中，一些地方对城镇供水价格机制的内涵、结构等尚不明晰，相关政策对政府和企业在供水价格改革中的作用缺乏明确的界定，科学合理的城镇供水价格体系仍处于探索阶段。在此背景下，本书将城镇供水价格机制作为研究主题，梳理了相关领域的研究现状，对不同国家的水价模式进行了对比分析，在此基础上，运用定量研究方法，分析了我国供水和水价管理政策的发展与变迁，对长三角地区、珠三角地区和四川省的相关政策进行了对比研究，进而从价值、实践和工具三个维度总结了我国供水和水价政策的变迁逻辑。为了更好地将研究嵌入具体情境，本书以四川省城镇供水价格机制为例，在理解其运行环境的基础上，指出区域经济发展不平衡是制约供水行业发展的主要因素，进而对城镇供水定价机制和价格配套机制进行了分析，指出了存在的问题及原因。为了推动供水价格机制改革的顺利开展，本书还从观念转变、破解政企边界难题、实施完全成本定价模式、建立水价联动机制和规范市场主体行为等角度，提出了一些实施建议。

本书以四川省为例，对城镇供水价格机制进行研究，旨在厘清城镇供水价格方面的一些观念，针对存在的问题初步探索破解之道，为相关部门制定政策提供理论借鉴。因笔者水平有限，书中难免存在疏漏与不足，恳请各位读者批评指正。

王　宇

2024 年 2 月

目录

C|O|N|T|E|N|T|S

1

问题的提出与相关领域研究现状

1.1　问题的提出

城镇供水是事关人民群众身体健康、生命安全和社会稳定的头等大事，也是世界各国政府为公众生存提供的一项基本保障。城镇供水价格是水资源优化配置的重要手段，合理的城市供水价格是推动水资源可持续利用以及提供安全水和放心水的重要驱动力。

水的重要性及如何保障人民群众的安全供水一直是中央政府和地方政府都高度重视的一项工作。2020 年 12 月 23 日发布，2021 年 3 月 1 日起施行的《国务院办公厅转发国家发展改革委等部门关于清理规范城镇供水供电供气供暖行业收费　促进行业高质量发展意见的通知》（国办函〔2020〕129 号），对如何厘清价费关系、完善价格机制、提升服务质量做了更进一步的要求，并对城镇供水收费及水价制定的相关内容提出了重点要求并进行了工作部署。2021 年 10 月 1 日起施行的《城镇供水价格管理办法》和《城镇供水定价成本监审办法》在城镇供水价格管理方面提出了规范性要求。

相关政策的出台为城镇供水价格提供了相应的指导，但城镇供水价格机制的内涵、结构等尚不明晰，科学合理的城镇供水价格体系仍处于探索阶段。本书以城镇供水价格机制为研究主题，梳理了相关领域研究现状，对不同国家间的水价模式进行了对比分析，同时分析了中国供水和水价管理政策的发展和变迁，并以四川省城镇供水价格机制为例，对城镇供水定价机制和价格配套机制进行了分析，指出了存在的问题及原因，还试图从观念转变、破解政企边界难题、实施完全成本定价模式、建立水价联动机制和规范市场主体行为等角度，提出实施建议。

1.2 相关领域的研究现状

本部分主要对国内外水价模式进行梳理，采用文献研究法，从对水价的构成研究、对水价形成机制的研究和对水价管理机制的研究等角度进行分析总结。

1.2.1 对水价构成的研究

2000 年，汪恕诚在中国水利学会年会上提出，水价由资源水价、工程水价和环境水价三部分组成，这一构成理论被众多学者认可并沿用至今。

资源水价，即水资源作为一种自然资源本身是具有价值的，这种价值主要体现在劳动价值、资源产权和稀缺性等方面，而这一价值可以通过计算得出。相关研究聚焦在通过建立模型计算水资源价值并据此确定水价。丁日佳等（2012）以山西省为研究对象，基于信息熵理论，建立了未确知测度模型，计算出了山西省的水资源价值；贾亦真等（2018）以兰州市为研究对象，运用模糊数学的理论方法，构建了模糊综合评价模型，计算出了兰州市的水资源价值，并进一步计算了兰州市的居民水价；朱永彬和史雅娟（2018）以北京、天津、上海等 32 个大中城市为研究对象，选取基于综合指标的水资源价格确定模型，运用模糊评价方法，对各城市的水资源价值进行了比较评价，并计算出了反映支付能力的水资源价值；徐晓晔等（2019）以中国省区市及对应省会城市为研究对象，基于 Meta 分析方法，构建了水资源价值移位模型，计算出了中国各省区市及各省会城市的水资源价值；唐奇（2019）以辽宁省为研究对象，基于层次分析法（AHP），构建了灰色聚类评价模型，计算出了辽宁省的水资源价值，为灰色理论可运用在水资源价值研究方面进行了实践验证。

工程水价是指供水经营者将天然水销售给用户时所产生的各类水利工

程的造价，主要包括各类供水工程的投资、提供相关服务所产生的成本、供水经营者可获得的合理利润以及供水公司应缴纳的税金。以工程水价的测算为主要对象的相关研究如下：温续余和周拓（2005）以甘肃省引洮供水一期工程为研究对象，通过对工程运行成本水价以及受水区水价承受能力进行分析，制定了该工程多目标供水的水价；宋兰兰等（2007）以西延干渠受水区水利工程为研究对象，指出水从水源到用户所在地要经过运输配送等环节，所产生的费用应计入工程水价，并给出了关于工程水价的具体核算方法；魏金娣和吕晓东（2014）以凤翔区村镇供水工程为研究对象，分析指出了当地工程水费不合理、工程水费核定不实等问题，并给出了针对性建议；李俊艳（2016）以柏叶口水库龙门供水工程为研究对象，通过供水工程成本计算以及用户承受能力分析，得出了当地工业水价标准和农业水价标准。

环境水价是指水资源在被开发利用时，会对区域生态环境造成一定的负面影响，为了尽可能减少这些影响所产生的相关费用（主要包括污水处理费和生态污染补偿费），相关研究探讨了环境水价的承担和补偿方式。傅涛等（2006）对环境水价的性质和定价原则进行了描述，强调环境水价应由政府与污染者共同承担；孙建光和韩桂兰（2012）以塔里木河流域为研究对象，以当地农业水价承受力分析为基础，进行了基于资源环境水价的农业水价补偿效应分析，确定了最优的补偿方案。

1.2.2 对水价形成机制的研究

水资源价格的形成会受到诸多因素的影响，国内外学术界目前尚无较为权威的文献对水价形成机制给出明确定义，当前的研究热点主要集中在城市供水水价制定的方法、对分类水价的研究、对阶梯水价的研究、对居民可承受能力的分析研究等方面。

1.2.2.1 供水水价制定的方法

国内外关于供水水价制定方法的研究均较早，也提出了较普遍、完善的观点。如对按照城市供水的生产、经济和社会成本定价的成本法，严宜怀(1992)以制水亏损企业为研究对象，提出按经济用途划分的费用类别来计算制水成本能更好地确定水价，这种方法更便于分析，还可以督促制水企业改进工作。对按照城市供水的产出效益定价的效益法，袁汝华等(2002)使用影子价格法，把黄河分为四个河段，计算出各河段各用水部门的水资源的理论价值。对按照水市场的供需关系来求得均衡的均衡价格法，蔡守华等(2000)以水厂最大利益为目标建立最优的水价模型，利用该模型对城镇生活用水需求和工业用水需求综合推导出对应的水价。对按照人们对水资源价值的主观评价、支付意愿和支付能力确定水价的主观评价法，刘小晖等(2011)从公众参与水价制定出发，对新疆石河子市的用水居民进行抽样问卷调查，对研究区域生活用水进行定价探析。这几种方法有各自的适用范围，但总体来看，用成本法制定供水价格最早被提出也更易实施，因此国内多倾向于用完全成本法制定水价。

有研究探讨了基于完全成本的水价定价方法。Renzetti 和 Kushner(2004)提出用供水和污水处理过程中产生的全部费用成本的完全成本法制定水价，但该方法容易低估供水服务的社会成本而导致水价实际成本被低估。李裕科(2010)指出水价成本包括直观的费用，如水资源补偿费、原水购买费、上缴的各种税费等；非直观的费用，如供水设施超前建设费用、社会公益用水费用(包括对特定单位减免的水费)及污水处理费等。陈易等(2011)以大连市水价为例计算包括资源价格、工程价格、环境价格和边际使用成本的全部成本，利用建立马尔萨斯模型、Logistic 模型、BP 神经网络模型和边际成本等理论计算大连市完全成本水价。

还有研究探讨了考虑一些重要影响因素后的水价定价方法。例如，考虑到可持续性供水和提高居民节水行为等因素，王谢勇等(2011)发现水资源自身价值与水环境价值的问题，将水资源未来价值融入水价完全成本中，利用模糊数学、边际机会成本等理论构建了水价动态完全成本定价模型。Kanakoudis 和 Gonelas(2015)基于居民 8 年用水需求样本，估计价格和收入用水需求弹性的值，并考虑社会经济、人口特征以及气候条件的影响，预测消费者对采用完全成本法导致增加的水价的总体反应。朱永彬和史雅娟(2018)从供水、需水和水质三方面选取指标，运用模糊综合评价法综合考虑供水情况，以中国 32 个主要城市为研究对象，较为全面地描述了我国各地区城市水资源价值，为制定合理的水价提供了参考。Chu 和 Grafton(2021)从货币角度计算当前水使用对未来水可用性造成的中期风险，即风险调整用户成本(RAUC)，并计算得知 RAUC 可能占供水成本的很大比例，将其纳入水价可以带来长期的福利收益。

总体而言，对供水水价制定的研究主要是为了不断完善水价成本的构成，确保在收支平衡的条件下，为供水机构带来合理的收益，实现供水企业的可持续发展。

1.2.2.2 对分类水价制度的研究

因为不同用水户在使用水资源的过程中，对于水资源的用量、用途、水质要求以及服务等都存在差距，分类水价政策实施是为了体现供水水价的公平性，为用户提供选择不同种类水资源的权利(及玉兰和刘延森，2002)。绝大部分城市都实施分类水价制度，2021 年发布的《城镇供水价格管理办法》简化了水价分类，根据使用性质分为居民生活用水、非居民用水、特种用水三类。在供水水价研究方面，具体涉及的类型有公共用水、工业用水、经营服务用水、生态用水等，非居民用水也是供水的重要内容之一(Coelli et al.，1991；Jia and Zhang，2003；孙建光和韩桂兰，2008)。

对居民用水定价和非居民用水定价，国内都采用相同的定价标准。在分类水价的重要性方面，姬鹏程(2009)认为，现行的水价在不同行业的水费差价并不明显，无法对高耗水行业的用水行为进行有效约束。朱法君等(2010)也认为，需针对高耗水、高污染行业制定更高的水价，拉开高耗水、高污染行业的水费价差，鼓励企业利用非常规水资源，并针对使用的企业制定优惠政策进行补偿。姬鹏程和张璐琴(2014)提出，中国工业企业水费支出占工业产值的比例在 1% 左右，而国际标准为 3%，工业用水价格过低导致中国工业企业缺乏进行污水回用的经济动力。在如何确定非居民用水水价方面，张立尖(2019)借鉴了水资源费超定额累进加价和居民阶梯水价实施经验，对非居民用水采用计划用水和定额用水管理，并认为用水结构单一、用水情况稳定的行业定额比较容易确定，但对于用水结构复杂、用水种类多样的行业，应注意对供水各因素综合分析以评判该行业的用水情况及其合理水平。综上所述，学术界对非居民用水水价的研究起步较晚，研究方法单一，未来的研究可以对非居民用水水价进行细化。

1.2.2.3 对阶梯水价的研究

针对居民用水阶梯水价，2002年国家五部委联合颁布了《关于进一步推进城市供水价格改革的通知》，随着政策的出台落实，目前中国绝大多数城市采用了递增式的阶梯水价政策。阶梯水价最早由发达的工业化国家提出，最先在美国实施推行。Rogers等（2002）认为，适当的水价政策能提高用水效率和促进社会公平，起到节约用水的作用。阶梯水价的作用：一是提高用水效率，Baumann等（1997）分析指出，递增阶梯水价利用"收入中性"原则在保持供水企业盈亏平衡的情况下实现对水资源的最佳利用；二是促进社会公平，Barde和Lehmann（2014）对水价改革中贫困用户的承受能力进行了分析，提出在采用阶梯水价方式的同时对低收入群体进行补贴可以提升水价政策的公平性；三是降低水资源消耗，Zhang N和Zhang S（2010）通过对2008年杭州案例进行分析，模拟家庭用水三阶梯定价模型，发现与现有定价模型相比，采用三阶梯定价模型后人均可节约消费水14.3吨。

中国学者对如何实施阶梯水价进行了一系列研究，主要集中在阶梯水量的划分、阶梯水价的确定等方面。林家园和陶小马（2004）提出，阶梯式计量水价是中国城市供水价格结构改革的发展趋势，并分析了阶梯式计量水价的优缺点。马训舟等（2011）以北京居民用水需求为出发点建立了用水的AIDS模型，进而模拟出更优的阶梯式价格结构，即阶梯水价可利用交叉补贴方式保障较低收入人群的福利。马训舟和张世秋（2014）以成都自来水阶梯价格为例，针对拟议累进阶梯式水价改革方案，对阶梯水价政策的效果进行了政策模拟和分析，认为阶梯定价水平和价格结构要符合社会成本水平的变化，并适时调整。刘晓君和闫俐臻（2016）从供水内外部完全成本视角，运用改进后的Ramsey定价方法，将居民阶梯一级、二级、三级水价分别对应近期、中期和远期的供水边际成本，既保障消费者福利又兼顾水资源开发的成本。邓嘉辉等（2019）为了使阶梯水价增加节水效益，用双正态叠加分布的方法拟合了居民用水量偏态分布，发现若第一阶梯水价和水量设置合理则更有助于节水，但需要充分考虑居民的接受程度，为阶梯水价政策的制定提供参考。江小平（2020）在研究杭州市实施阶梯水价政策和"一户一表"后，得出居民用水户用水量比之前减少了 8.27%，且仍存在很大节水空间的结论。他在研究中发现，越靠近计价日期居民用水越少，所以提出将年度计价调整至季度计价、月度计价更利于居民形成绿色生活方式，为下一步完善阶梯水价政策提供参考。

1.2.2.4　居民可承受能力分析研究

水是生命之源，水价的制定应保障低收入人群的用水权利，因而在提高水价时需要充分考虑居民的可承受能力。对此，研究发现：当家庭水费支出占收入的 1% 时，居民对水价敏感性不足，容易造成水资源的浪费；当占比提高到 2% 时，水费支出对居民生活水平有一定的影响，居民开始关注用水量；当到了 3% 时，水费支出引起居民重视，开始注意节约用水；当到了 5% 时，居民会认真研究节水方法，甚至对水重复使用。家庭水费支出占可支配收入的比例达到 2%~3% 是比较合适的（朱彩飞，2013）。国外还针对公众对水价提高的心理承受能力进行了研究，发现居民对提高水价的态度，与公众对缺水问题信息的掌握程度和自身的节水观念有关，如大学生群体对提高水价和节水的接受度更高。因此，地方政府应积极开展相关的水资源教育，使居民可以充分参与对水资源管理的决策过程，从而提高居民对水价改革的可接受度（Kejser，2016；Lucio et al.，2018）。

中国对居民可承受能力的研究大多是基于成本核算法或综合评价方法建立模型进行定量研究，用于评估城镇居民生活用水价格承受能力和支付意愿。孙静和申碧峰（2008）对北京市不同收入水平城市居民的生活用水水费负担情况进行了分析，重点关注北京市中低收入户人均可支配收入、水费支出系数，预测了北京市 2010 年、2015 年和 2020 年的城市居民水价承受能力。周春应（2009）应用 ELES 模型以 2000~2007 年江苏省城镇居民家庭人均收入和消费结构截面数据定量来确定未来居民生活用水水价承受能力，研究发现居民收入水平提高，但水费支出负担呈逐年减少趋势。章胜

（2011）利用模糊数学模型，以杭州市 2008 年居民水价为例进行计算提出，根据三级阶梯水价定价，第一阶梯要充分考虑低收入居民的承受能力和支付能力。马训舟和张世秋（2014）利用累进阶梯式价格结构考虑不同群体承受能力模拟设计水价，提出增大不同阶梯水费的价格差，向高用水群体征收更高的费用来补贴低用水群体，使低用水群体能以更低的费用满足生存性的用水需求。阶梯数越多，水价设定越具针对性也越灵活。米雪薇等（2019）以北京市为例，利用 ELES 模型分析发现，现有居民生活用水水价可承受能力较高，高收入户节水潜力更大，改进现有阶梯水价模式可以提高节水效率。高慧忠等（2021）发现，国内外水价差异巨大，依据 R 值（人均月水费支出占可支配收入的比值）与其他国家进行比较发现，中国的 R 值明显偏低，在节水型社会建设方面与国外发达国家存在差距。

1.2.3 对水价管理机制的研究

除建立合理的定价机制外，完善的水价管理机制也是保障城镇供水安全，加强水资源保护、节约、高效率使用的重要部分。

现有相关研究关注了水价管理中的问题及解决方案。例如，唐利斌和毛志锋（2009）以北京市水价体系为研究对象，通过研究水价变革发展，指出了当地存在资源水价和环境水价比重小、没有考虑水质差异和行业差异等问题，并建议当地适当提高污水处理费、随季节变化制定不同收费标准、以水质不同制定不同水价等；魏向辉和单军（2013）以北京市村镇供水水价管理机制为研究对象，结合实际情况进行数据分析，指出了当地存在水价偏低且水费收缴率低的情况，并针对以上情况建议当地供水企业进行集约化供水以降低供水成本，同时对水价进行合理调整，适当提高水价；姬鹏程和张璐琴（2014）通过对不同水源、不同用户、不同地区的水资源价值之间的差价比价关系进行数据分析，指出中国供水价格体系仍存在水价总体偏低、供水价格间的差价比价不合理、相关政策管理不完善等问题，并建议政府通过制定区域水费标准、拉大阶梯水价差价、提高特殊行业用水价格等方法来改善水价体系，对水价实施宏观调控。

另外，研究者对水价调价机制也进行了探讨。例如，程小文等（2021）比较了纽约、伦敦和东京与中国的北京、上海和广州等城市的水价现状发现，中国城市没有固定调价周期，并且调价周期过长，导致不能及时体现供水成本变化，提出应该像国外城市一样设有固定的调价周期和调价程序。

1.2.4　研究述评

通过梳理和总结国内外与城镇供水价格机制研究的相关文献发现，现有的文献对城镇供水价格构成和城镇供水价格形成机制进行了较为深入的研究，积累了丰硕的研究成果，为后续研究奠定了一定的基础。但目前学术界缺少对城镇供水价格机制的系统研究，探讨城镇供水管理机制的相关文献较为缺乏，且对水价政策的具体实施效果研究较少，更缺乏基于四川省城镇供水价格视角的研究。因此，本书根据地区水资源禀赋、经济发展水平和居民收入水平的差异性提出，建立符合四川省情的城镇供水价格机制成为亟须解决的问题。

1.3　国内外水价模式的对比

1.3.1　基本情况

不同国家和地区之间的水资源禀赋具有差异，其经济、社会发展水平也不相同，所以各国和地区应根据各自的情况制定各具特色的水价制度。本部分就水价模式的管理体制、定价原则、水价构成因素、定价办法、定调价程序、运行实施等方面将中国的情况与美国、英国、法国、新加坡进行对比（见表1-1）。

表 1-1　不同国家的水价模式对比

国家	管理体制	定价原则	水价构成因素	定价办法	定调价程序	运行实施
中国	流域管理与行政区域管理相结合	覆盖成本、合理收益、节约用水、公平负担的原则	供水成本、费用、税金和利润	准许成本+合理收益	价格监管、开展听证会	居民阶梯式水价、超定额累进加价
美国	联邦政府、州政府、地方水管机构	市场调节原则、成本回收原则	联邦供水工程水价、州政府工程水价以及地方供水机构的水价	按照单个工程定价，采用服务成本定价模式，高度市场化	公众听证会、社会中介机构监督	定额水价、单一水价、累退制水价、分段递增水价
英国	分为流域统一管理与水务私有化相结合	公平性原则、成本回收原则、区别性原则	水资源价值、服务成本和合理的投资回报	以完全成本为基础设立价格上限	水务办公室设定上限，水务公司自行定价	非计量收费和计量收费
法国	国家级、流域级、地区级、地方级	收支平衡原则、差别化原则、水价调控透明原则	水费和水税	"边际成本+承受能力"和"服务成本+承受能力"	政府、企业、用户三方共同协商	分档递增水价法
新加坡	由公用事业局管理整个供水系统	公共服务属性原则、珍惜用水原则	由用水价格和污水价格两大板块构成	服务成本定价和多目标的水价定价	由水务署提出，PUB确定	分段定价收取和以居住面积（类型）为基础进行补贴

资料来源：笔者整理。

1.3.1.1　中国

（1）管理体制。中国由国务院代表国家行使水资源的所有权，对水资源实行流域管理与行政区域管理相结合的管理体制。国务院水行政主管部门负责全国水资源的统一管理和监督工作，并在国家确定的重要江河、湖泊设立流域管理机构，流域管理机构在所管辖的范围内行使水资源管理和监督职责。县级以上地方人民政府水行政主管部门按规定的权限负责本行政区域内水资源的开发、利用、节约和保护等工作，并对地方水资源进行监督和管理。

在水价管理上，由国家发展改革委负责制定管理办法。各级人民政府都须按照管理办法的相应细则确定城镇供水价格，县级以上人民政府价格主管部门是城镇供水价格的主要负责部门，水行政主管部门协助政府价格主管部门制定供水水价。

（2）定价原则。2021年出台的《城镇供水价格管理办法》明确提到，在制定城镇供水价格应充分考虑以下原则：一是覆盖成本、合理收益原则。为了保障城镇供水可以安全、充足、稳定地供应，并提升供水企业投资和经营的积极性，如期收回投资并获得合理的收益是达到上述两个目的的前提。二是节约用水原则。中国的人均水资源占有量不足世界平均水平的1/3，国内部分地区或多或少存在供水能力不足的问题，因此在水价制定方面应充分考虑水资源节约以及环境保护方面的因素。三是公平负担原则。水资源是带有福利性质的公共产品，在制定水价时应充分考虑居民的可承受能力，对困难人群给予相应的用水补贴；并且不同用水量的用户在享受供水服务时，根据用水量的不同，其所需承担的水价也具有差异。另外不允许供水企业获取超额利润从而损害消费者的利益。

（3）水价构成因素。《城镇供水价格管理办法》指出，城镇供水价格是指城镇公共供水企业通过一定的工程设施，将地表水、地下水进行必要的净化、消毒处理、输送，使水质、水压符合国家规定的标准后供给用户使用的水价格。具体来讲，城镇供水价格主要涉及供水成本、费用、税金和利润，其中供水成本主要囊括制水、售水成本，管网建设改造成本以及管网维修成本。就公用事业管网建设改造费用方面，《国务院办公厅转发国家发展改革委等部门关于清理规范城镇供水供电供气供暖行业收费促进行业高质量发展意见的通知》（国办函〔2020〕129号）指出，"从用户建筑区划红线连接至公共管网发生的入网工程建设，由供水供电供气供热企业承担的部分，纳入企业经营成本；按规定由政府承担的部分，应及时拨款委托供水供电供气供热企业建设，或者由政府直接投资建设"。但由于发展不平衡，地方各级人民政府对管网建设投资方面的补贴到位情况参差不齐，在政府补贴缺位的情况下，管网投资建设所产生的费用事实上由供水企业承担了。

（4）定价办法。供水价格实行分级管理，由地方各级人民政府根据不同用途实行分类定价。制定城镇供水价格，是以成本监审为基础，按照"准许成本+合理收益"的办法，先核定供水企业供水业务的准许收入，再以准许收入为基础分类核定用户用水价格。

（5）定调价程序。在水价调整方面，《城镇供水价格管理办法》提出，城镇供水价格监管周期原则上为 3 年，经测算确需要调整供水价格的，应该及时调整到位，价格调整幅度较大的，可以分步调整到位。在制定居民用水价格水平时应当开展听证会，充分听取消费者、供水企业、供水行政主管部门等提出的定价和调价的建议。但在实际的执行过程中，供水价格与成本倒挂的现象长期存在，供水企业通过调整供水价格以改变当前重负状态的呼声未能得到及时回应。

（6）运行实施。中国城镇供水实行分类水价，根据使用性质分为居民生活用水、非居民用水、特种用水三类。居民生活用水实行阶梯价格制度。按照国家统一规定的要求，居民生活用水三级阶梯水价级差不得低于1∶1.5∶3 的比例。非居民用水及特种用水实行超定额累进加价制度，原则上水量分档不少于三档，二档水价加价标准不低于 0.5 倍，三档水价加价标准不低于 1 倍，具体分档水量和加价标准由各地自行确定。超定额累进加价制度由于定额的制定和产量的采集存在差异，因此各地在实施超定额累进加价制度过程时存在一定的困难。

1.3.1.2　美国

（1）管理体制。美国水资源开发利用与管理均依照国会颁布的法令进行。水资源的开发利用与管理由美国联邦政府机构、州政府机构和地方水管机构分级负责，这种管理体制能使各级政府更好地落实和行使相关职权。在国家层面上，由联邦政府机构负责整个国家水资源的规划、管理、协调以及水污染控制，并且联邦政府负责确定水资源管理目标和准则，制定相关政策、法规和标准。在地方层面上，州政府机构和地方水管机构负责实施国家总目标和州及地方的各项具体指标。

由于美国从事水资源分配和销售的机构数量众多且分布广泛，包括各级政府机构、私人企业和股份公司。这些机构在遵循补偿成本原则的前提下，可以按照实际情况自行制定水价。全国没有统一的水价审批机构、定价模式。不同供水机构采用的水价定价模式不同，对不同类型的用户，同一供水机构可能采用不同的水价定价模式。水权所有者可以自由地在水市场上出售水权。

（2）定价原则。一是坚持市场调节原则。美国水资源市场化程度比较高，没有统一的自来水定价机构，各机构会依照当地实际情况进行定价。二是坚持成本回收原则。各机构设定的水价必须确保能将投入的成本收回，而投入的成本主要包括设施的运营、维护及改造等费用。

（3）水价构成因素。水价包括联邦供水工程水价、州政府工程水价及地方供水机构的水价三种类型。三种水价的确定均将水作为无偿资源，仅向用户收取水被储存、调节、输送和处理时的费用。

联邦供水工程水价包括灌溉供水基本水费和城市及工业用水水费两部分。联邦政府在从有关州政府部门获得水权并兴建工程时，需要与地方供水部门签订供水合同，以此实现水利工程建设、供水生产和偿还建设投资。根据联邦经费的财务条款和偿还规定，政府和居民要共同偿还工程投资所产生的费用。因此，灌溉、工业、城市居民生活用水水价包括工程运行维护费以及偿还工程投资和资金利息。

州政府工程水价主要通过发行债券筹集建设资金，因此每个用户都要承付供水工程全部的运行维护费以及所分摊的投资和利息。

地方供水机构是美国水管理的最基层机构，直接向终端用水户提供供水服务，各机构有自己独特的水价制定标准，总体来看，地方供水机构主要向用水户收取购水费、供水部门的水处理费、配水费、运行维护费、投资与利息、管理费及税金。在基础设施建设方面，美国水务基础设施建设较为迟滞，每年有大量水管需要检修，且有很多城市仍使用对身体有危害的铅制水管进行供排水。自《基础设施投资与就业法案》（*Infrastructure*

Investment and Jobs Act)提出重建饮用水和废水系统、水道、水资源等基础设施的实施路径以来，美国居民用水管网建设情况有了一定的改善。联邦政府通过制订激励计划，为水务基础设施建设方提供基金支持，主要是以贷款方式，吸引非联邦政府收入用于基础设施的投资。在供水管道建设方面，主要由各地方供水机构进行监测与维护，美国最大的水务公司——美国自来水公司(American Water Company)，从2017年开始，每年都会预留1.28亿美元资金用于维修改善居民用水传输管道、泵站等基础设施。

（4）定价办法。美国水价制定的方法较多，普遍采用服务成本定价法，一般按照单个工程定价，同时考虑用户的承受能力。联邦水利工程及州水利工程通常采用批发水价制度。上级供水机构向下级供水机构售水时，因无法确定水的用途而实行统一的水价标准。地方供水机构的水价则根据用水对象不同实行分类水价。由于市场化程度比较高，在制定水价时，一般按单个工程定价，即每个工程分别制定自己的水价，因此不同的工程供水水价不一样。联邦供水工程主要实行"服务成本+用户承受能力"的定价模式，农业水价是还本不付息水价，工业及城市水价是还本付息水价；州供水工程主要实行"服务成本"定价模式，各类水价均为还本付息水价。

（5）定调价程序。美国自来水水价随着供水成本的变化每年都进行相应的调整，各供水区的水务部门会同用户代表，分析下一年的水供需情况，预测下一年的供水及污水处理的财务情况，以财务平衡为前提制定水价。供水企业在制定水价时，必须举行公众听证会，保证用水户对水价的组成和调整水价的原因有知情权，在水价制定过程中，邀请社会中介机构（如会计师事务所）进行第三方监督以保证水价调整的公正、公开，确保调整后的水价能顺利实施。

（6）运行实施。美国各区域会根据各地拥有的水资源量征收不同的水费。对水资源丰富的地区实行累退制水价制度，每期账单被分成连续的用水量段，每一后继段的水价都比前一段低，后继段越多则水价越低。对水资源比较匮乏的地区实行分段递增水价制度，在分段递增水价计费实施中，每期账单被分成连续的用水量段，每一后继段的水价都比前一段高。此外，也会实行定额水价和单一水价制度。定额水价的含义是用户只需定时支付固定的水费便可以无限制地享受供水服务（包括污水处理服务）。在考虑水服务成本和预期消费的前提下，各城市可以确定各自的定额水价，且同一城市内不同用户阶层的水费也有差别。定额水价既可单独使用，又可构成分段式水价的一部分。单一水价是指用户始终以固定的单位水价根据实际用水量付费。

1.3.1.3 英国

（1）管理体制。英国政府对水资源采用流域统一管理与水务私有化相结合的管理体制。政府依法对水资源进行宏观调控，环境署负责发放取水许可证和排污许可证，实行水权分配、取水量管理、污水排放和河流水质控制。水服务办公室负责颁布费率标准，确定水价。饮用水监视委员会负责制定生活水质标准，实施水质监督。私营供水公司在分配到水权与水量的基础上，接受政府和社会有关部门的指导和监督，在服务范围内实行水务一体化经营和管理。

水工业私有化仅限于英格兰和威尔士，英格兰及威尔士地区由 10 个水务公司提供供水及排污服务，且隶属各自的水控股公司（Water Holding Company），此外还有 22 个仅负责供水的供水公司（Water Supply Company），其供水地区的排污服务由水务公司提供。

（2）定价原则。一是坚持公平性原则。对相同体积的供水与排污，支付相同的水费。二是坚持成本回收原则。制定水价的首要目标必须是成本回收，成本回收以后的收入作为企业利润。三是坚持区别性原则，在实行全国统一费用标准的基础上根据用途与地区对供水与排污实行差异化收费标准。

（3）水价构成因素。供水企业自主定价由水资源价值、服务成本和合理投资回报组成。水资源价值包含水资源开发和保护的费用。服务费用具体包括供水水费、排放污水费、地面排水费和环境服务费。供水水费根据水表读数直接收取费用，还包括抄表费、维修费和例行的水表更新费等一系列费用。英国供水管网的维护管理责任由业主和自来水公司共同承担，自来水公司主要负责公司管道和公司至社区边界间的管道部分的检修更换工作，而从社区边界连接到用户的管道部分的检修更换、水龙头等水配件的配备费用由社区内业主共同承担，下水道和排水管的维护管理责任则由业主、供水和污水处理公司、地方当局和公路局共同承担。英国政府还制定了服务竞争机制，放开了对供水行业的许可限制，激励各自来水公司良性竞争，以此保证为业主提供优质的服务，进而提高客户的用水效率。

（4）定价办法。由于英国水资源丰富且分布比较均匀，英国水价的制定完全按市场经济规律运作，在完全成本的基础上设立价格上限。水价的制定充分考虑了用户的承受能力，完全按市场经济条件下的投入—产出模式运作，按照使用主体和用途的不同进行调整，确保收回成本并有适度盈余。

（5）定调价程序。水务公司根据水价构成自行制定供水价格，确定水价后，要公布供水收费计划、供水收费款项和条件，与广大用户和用户服务委员会洽谈并征求意见，然后予以实施。尽管水务公司有权自行制定水价，但它们必须服从政府对水价的宏观调控。水务办公室通过设定水价上限约束和规范水价，保护用户的合法权益。

供水企业在供水价格制定后、正式征收前，需要与供水服务办公室、用户委员会和用水大户充分沟通，并公开供水价格制定的收费依据明细。供水服务办公室每5年左右调整一次最高限价，考虑的因素有零售物价指数、供水公司生产效率影响系数、市场供求关系系数和服务质量对价格影响的系数等。

（6）运行实施。水务公司向用户收取水费有非计量收费和计量收费两种方法。非计量收费是按用户财产可计价值收费，即按照用户房屋面积、级别、价格来征税，如果房屋面积小征收的税费就较低，在自来水价格上也有很大的优惠；住在独立别墅的用户则会交比较高的费用。计量收费是根据水表计量的用水户实际用水量收取水费，不过英国水表安装比例比较低，政府一直致力于促进普通家庭安装水表。

1.3.1.4　法国

（1）管理体制。法国水务管理分为国家级、流域级、地区级、地方级，每个层级均有管理权限和需要履行的义务。在国家层级上，由环境部和水理事会负责水务和环境管理工作，其管理职能是主管全国水利事务、水环境保护、供水工程规划、制定全国性的水资源法规政策和监督各流域机构的工作等。在流域层级上，管理机构流域委员会负责对本流域内水资源的统一规划和统一管理，包含制订水开发和污染治理的计划，与用户协商水费和污染税费标准。出台的计划和标准由公共行政管理部门水务局执行。在地区层级上，每个地区都有地区水委员会，负责起草、修正管辖区的流域水资源开发与管理方案，以更详细地确定水资源管理的目标，并监督执行。在地方层级上，地方水权管理局和用水户协会除了对供水和污水处理事务进行具体管理，还对供水用水双方的权利和义务进行维护。法国城镇供水水价主要由流域委员会负责，把全国分成六大流域，通过各流域委员会与用水户协商，确定具体水价标准，国家起宏观调控作用。

（2）定价原则。一是收支平衡原则。法国供水采取公私合作模式，供水经营管理由政府外包给私营机构。法国的公共供水服务和污水处理为商业行为，由企业进行管理，需要考虑收支平衡。供水服务单位除了要保证供水成本的回收或略有盈余外，作为私营公司还要追求利润。二是差别化原则。法国的水费收费标准也各不相同，不同的地区、供水工程和用水主体都会存在水价差别，按用户相应责任和享受权益与服务来定价收费。三是水价调控透明原则。法国十分重视用水户对水价管理的共同参与和民主管理，水价运行和调整的过程是透明的，调价的条件、原因、资金用途、扩大投资或维修、更新、改造的计划，都能让用户及时了解并对其充分监督。用户对服务和收费提出的投诉能及时得到解决和反馈，各级政府及供水机构都充分尊重用水户协会的要求和意见。

（3）水价构成因素。法国实行包括水费和水税的"双费"定价制度。其中水费包括成本和利润两部分，其定价的基础是供水机构供应水的全部成本，包含与供水流程有关的管理费用、维护设备正常运转的维护费用和其他建设成本费用等。水税则具有一定的强制性和宏观调控功能，包含水资源税、污染税和附加税等，作为对供水的科技研发、环境损害、政府投资、排污处理等的补偿。水费由地方一级的政府、供水企业和用户代表通过水价听证会协商制定，水税则由国家和流域层级估算、摊派和征收。法国供水设施由供水公司负责投资开发，后由地方水权管理局接管负责设施运行和维护。法国的工程水价包括管道运输成本(包括供水管网、排水管网),公司可以通过获得水费偿还工程修建过程中的成本和利息,政府也会根据具体情况给予供水机构一定补贴。水务局统一管理城市供水管网系统以方便监控水质和水量,并颁布了一系列法规和制度约束供水企业,使法国城市水资源的开发利用和保护工作可以在政府监管下顺利开展。

(4)定价办法。法国实行分类水价,即按照不同用途采取不同的收费制度。对于居民用水,主要采取"边际成本+承受能力"定价模式,边际成本一般包括边际生产成本、边际使用者成本、边际外部成本三种,将水价与水资源开发总目标联系起来,考虑增加供水量及提高水质标准的边际成本,这种定价方式具有发展性、动态性。对于工业用水,主要采取"服务成本+承受能力"定价模式,服务成本为企业在经营服务过程中的全部消耗,包括了服务活动中所发生的物质消耗和劳动消耗,不仅是制定价格的重要依据,还反映了企业经营服务成果和经营管理水平。总的来说,是在完全成本原则下考虑到用户消费能力的价格制定模式。

(5)定调价程序。法国对水价实行动态管理,每5年调整一次水价。每5年根据供水单位的经营状况,按照法定的程序重新制定新的价格。首先由供水机构将其财务现状、调整原因、资金用途、使用计划等内容公布于众;其次由地方政府牵头,采用民意调查、听证会等制度广泛吸取各方意见后提出拟定价格;最后由市长召集投资机构代表、供水单位代表和用户代表召开定价听证会,在权衡各方利益的前提下,共同协商制定价格并签署合同,最终结果由市长确认。一般来说,法国的水价是当地供水所需费用的精确反映。

(6)运行实施。法国对供水价格采用分档递增水价法,同中国阶梯式水价类似,强调保障贫困户最低用水量,要求水定价在保障最低消费的同时达到激励用户节约用水的目的。各流域根据各自的水资源状况制定不同的最低用水量,在最低用水量内,向用户收取较低的固定水费,超出最低用水量的部分,采用分档递增水价法。

1.3.1.5 新加坡

(1)管理体制。新加坡的供水、集水和废水系统相关事务由新加坡政府委派公用事业局(PUB)负责，它是国家的水务法定管理机构，管理整个供水系统，类似于中国早期负责供水服务的事业单位。其经营形式不同于事业单位，经营过程中需要用市场化的思维调控供需之间的平衡，如设置优惠/补贴制度、超量使用的溢价、对用户分类等常见的市场手段和管理措施。具体执行部门为下属的水务署，设置计划开发、饮用水生产、输配水和后勤管理四个部门，层级简单，职责明确。

(2)定价原则。一是公共服务属性原则。PUB虽然以市场形式进行供水，但在制定价格时并未忘记供水的性质，新加坡以居住面积(类型)为基础，对家庭用户水费进行补贴，保障中低收入家庭的基本生命需求的用水不会因水价上涨受到明显影响。二是珍惜用水原则。新加坡是世界上极度缺水的国家之一，生产和生活用水主要依靠雨水收集和从邻国马来西亚进口。对此，新加坡的水价构成内容相比其他国家增加了节水税，用于提醒公众水是宝贵的资源，必须节约使用。

(3)水价构成因素。新加坡水价由用水价格和污水价格两大板块构成。用水价格板块含有供水价格和耗水税两部分，供水价格相当于中国的基本水价，耗水税则可以对应中国的水资源费和水利工程费。污水价格板块包含污水处理费和卫生器材费，是针对污水处理及用过的水回收管网的运行维护费用进行补偿，其中污水处理费根据用户的用水量进行征收，卫生器材费根据用户的卫生器材数量确定。公用事业局作为新加坡水务管理部门有很广的权限，污水回收处理、新生水生产、海水淡化、水价制定、供水管网设计、城市防洪等均由其统一管理。综合统筹的水管理机构使新加坡城市水系统管理效率大幅提升，公用事业局将水资源规划与城市规划相结合，统筹土地利用，设置集水区和雨水收集池。集水区是供水排水管网全面覆盖、统一供应、统一收集、统一处理的用水区域。目前，新加坡集水区占到了国土面积的2/3以上，规划2060年达到90%。对于建设量较大的工程，水务署可以凭借自身雄厚的实力和良好的信誉向银行贷款获取资金支持。

(4)定价办法。新加坡采用服务成本定价的方法，PUB在供水过程中的消耗包括固定成本和可变成本的全部显性成本，以及机构对供水的期望利润。新加坡还实施多目标的水价定价政策，有以下四点要求：一是要考虑到生产、供应、用水的所有成本；二是要体现水资源的紧缺性；三是要反映出超额供水的高成本；四是要多用多付出，对于最高的水费加收节水税。

（5）定调价程序。为了减少水价调整引起的社会波动，新加坡的水价每4年调整一次。调整水价的方案只能由水务署提出，要求包含4年总体的发展目标和相应的年度实施方案的内容，并且最终方案应全透明地向居民进行公示，然后提交至PUB，在PUB专家会商确定后执行。

（6）运行实施。新加坡的水费采取了分段定价收取的办法，按用水的不同水量分别定价。最低用水量为20立方米，在此范围内只需支付较低的水价；第二个20立方米的水费略微提升；但水费超过40立方米后大幅提升，促使大多数家庭将用水量控制在40立方米之内。新加坡以居住面积（类型）为基础对用户水费进行补贴，住宅小于四居室的家庭都可以享受补贴。每4年水价调整后，低收入家庭水费的补贴也会对应增加。水费补贴不是以现金形式发给用水户，而是从家庭用户缴纳的水费内逐月扣除。

1.3.2 国外水价模式的共同特征

1.3.2.1 管理权限明晰

尽管美国、英国、法国、新加坡等国家的水价管理体制不太相同，但相同点是相关法律法规的制定与颁布均由国家负责。国家从宏观方面进行把控，由于水资源的区域特殊性，具体的实施细则由地方进行确定。各级机构各司其职、各尽其责，具有相当高的专业化水平。例如：美国实行联邦政府机构、州政府机构及地方水管机构三级管理制度，每级部门管理权限明晰；英国和法国按流域不同划分组成流域水务局，对该流域供水统一管理，为供水机构与流域水资源的各类问题提供咨询和处理服务；新加坡则设有专门管理机构公用事业局和执行机构水务署对供水系统进行管理。

1.3.2.2　确保收支平衡，实现完全成本回收

美国、英国、法国、新加坡等国家在制定供水价格时都要求确保收支平衡，实现成本补偿。美国按照供求关系，虽然不是以营利为目的，但是要求保证供水投入成本完全收回，并且以市场调节为原则，根据各地实际情况灵活定价；英国政府管控水价上限，使企业可以在规定的上限价格范围内充分考虑自身成本回收情况以及盈利空间灵活制定水价；法国、新加坡根据不同地区、不同用途及不同标准的用水情况导致的用水成本不同，实行不同的收费结构和水价。

1.3.2.3　提倡公众参与定价

美国、英国、法国、新加坡等国家在水价确定过程中都会考虑用户的参与度和对水价提高的接受程度，在调价机制上均有固定的调价周期、调价流程和负责单位等，并通过建立健全社会监督机制、公众参与定价机制、民主协商机制，确保定价和调价程序的透明公开。美国按单个工程进行定价且每年调整，在调价过程中会邀请中介机构进行全程监督；英国虽然实行水务私有化，但要求供水公司每5年调整一次水价，将供水收费计划信息向社会公开并且向用户服务委员会征求意见；法国以5年为周期进行调价，基于供水企业经营现状，由政府、供水企业与用户代表共同商议后敲定新的供水价格；新加坡以4年为周期调整水价，在社会公众充分知晓整改方案和未来发展目标后由公用事业局确定，并充分考虑对困难家庭的用水补贴。

1.3.2.4　考虑可持续发展

水价定价构成因素，在一定程度上体现了水价格政策的导向性作用。科学的水价格能充分反映市场供求关系、资源稀缺程度和环境损害成本。在美国、英国、法国、新加坡等国家的水价构成中，除考虑供水成本的水费外，还会把水资源税和污水处理费纳入水资源价格，以充分考虑供水过程中对水资源的保护和水污染的补偿、治理、修复成本，体现了水资源可持续发展的理念。水资源在我们的生活中具有不可替代的作用，水资源价格的制定要从科学、环保、可持续的角度考虑，需要利用价格或者市场的

手段优化资源配置，以科学合理的价格机制调节水资源的开发与利用。

1.3.2.5　管网建设投资界定清晰

国外对市政管道、供水企业的管道以及接入建筑物的管道投资建设有较为明确的界定。公共供水管网的建设主要由国家投资，供水管网的建设工作由供水公司负责，供水管网的检修维护费用由业主以缴纳水费的形式承担。同时，当地政府均会制定一定的支持政策，视情况对供水公司给予补贴。

1.3.3　国内外水价模式的对比

前文对中国、美国、英国、法国和新加坡水价模式的基本情况进行了阐述，并从五个方面对国外现行水价模式进行了总结。通过对比国外成熟的水价模式，有助于完善国内水价模式，找到现行水价模式存在的不足，进一步解决中国现有水价体系机制中面临的问题。

1.3.3.1　水资源税和污水处理费挤占了水价上调的空间

中国向居民收取的终端水价由基本水价、水资源税和污水处理费三部分构成，其中水资源税和污水处理费属于行政事业性收费，由供水企业代为收缴，实行专款专用。水资源税主要用于水利工程建设，污水处理费主要用于支付污水处理运维费。2016～2021年四川省（不包含阿坝州、甘孜州、凉山州）18个地级市的总体水价数据（各地级市的具体情况详见附录）如图1-1所示，从图1-1中可知，水资源税与污水处理费在2016～2018年进行了调整，并且占据终端水价的比例呈现上升趋势；在2018年之后水资源税与污水处理费占据终端水价的比例维持在35%左右，意味着供水企业向用户收取的水费65%左右用于供水企业弥补自身成本。此外，由图1-2可知，终端水价的每次上涨都是由水资源税和污水处理费上升导致的，而用于供水企业自身发展的基本水价长期以来基本不变。由于不了解终端水价的具体构成，会把终端水价上涨的原因全部归结于供水企业，以致供水企业在调整基本水价时阻力重重。污水处理费和水资源税压缩了基本水价可以调整的价格空间，也让供水企业背负了巨大的压力。国外在污水处理方面的市场化程度较高，将污水处理过程中产生的费用全部纳入成本，污水处理费由供水企业自主定价，如新加坡的供水价格由用水价格和污水价格两部分组成，污水价格则根据用户的用水量和卫生器材的数量确定。

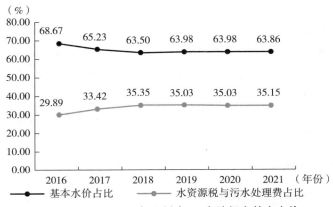

图 1-1　2016~2021 年四川省 18 个地级市基本水价、水资源税与污水处理费占终端水价的比例情况

资料来源：笔者整理。

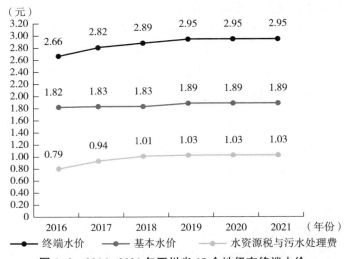

图 1-2　2016~2021 年四川省 18 个地级市终端水价、基本水价、水资源税与污水处理费变化情况

注：四川省 18 个地级市基本水价、水资源税与污水处理费的详细情况见附录。

资料来源：笔者整理。

1.3.3.2   调价机制未严格执行

美国、英国、法国和新加坡均有固定的调价周期和调价程序，到固定的调价周期自动开启调价程序，评估现行水价、确定是否调价、计算调价的幅度。其中，美国自来水水价随着供水成本的变化每年都要进行相应的调整，英国和法国每 5 年评估并调整一次，新加坡每 4 年进行一次调整。中国各地均无固定的调价周期，普遍存在调价周期过长而不能及时体现供水成本变化的问题。国外在进行水价调整时，会按照公开、透明、公正的原则召开听证会，充分听取用户和企业的意见；但种种原因导致了中国目前关于水价调整召开的听证会没有起到预期的作用，难以在理性决策的基础上对水价进行及时调整。

1.3.3.3   水费计价比较僵化

现行的城市水费价格基本上采用单一的计价模式，即同一类型的自来水大多采用统一的价格，未考虑时段、水质和季节的影响，但实际上自来水的生产和消费会受到区域和季节的影响。例如，中国南北方在水资源丰裕程度上存在较大的差异，多雨季节和干旱期也会使水资源的量在丰枯季节有所波动。国外的水费计价制度则比较灵活，如美国没有统一的水价审批机构和定价模式，市场化程度极高。不同供水机构采用的水价定价模式不同，对不同类型的用户，同一供水机构也可能采用不同的水价定价模式，水价在市场作用下每年调整，有极强的灵活性。英国则是在设立的价格上限范围内根据使用主体和用途的不同实现区别定价。

1.3.3.4   水价管理机制不够明晰

首先，在水价治理机制上，中国目前的城市供水涉及水利、环保、城市建设等主管部门，各部门的职能存在交叉，管理效率不高。其次，在对水价系统的管理上中国的行业主管部门和价格管理部门存在多头管理现象，颁布的政策未能实现环环相扣；反观新加坡，整个供水系统无论是在行业管理上还是在价格管理上，所有事务都由公用事业局全权负责，经过半个世纪的努力已形成世界领先的城市供水管理模式，并逐步摆脱了严重依赖进口水的窘迫境况。最后，在水价宣教机制上，水资源的商品属性被极度弱化，公众长期以来认为水资源只有公益属性的观念始终没有得到彻底转变；对于收取的水费，用户并不了解其具体构成，导致供水企业在调整基本水价的过程中步履维艰。而英、美两国会将供水单位的财务信息向社会用户公布，并且会向用户寄去相应的水费账单，其中账单详细包括每一项收费的目的、用途以及扩大投资的计划和说明，更加便于用户了解和监督。

1.3.3.5 企业可持续发展能力薄弱

英国、美国、法国和新加坡在制定供水价格时，都要求确保收支平衡，实现成本补偿，并且给企业带来一定的收益，以确保供水企业的发展。中国在制定水价时，也规定按照"覆盖成本、合理收益"的原则，但是国内多数地区水价和成本长期以来未能实现联动，并且随着同期居民消费指数的上涨，水价与成本存在长期倒挂的问题，国内多数供水企业的支付负担早已经超出了准许的合理收益，再加上政府补贴长期缺位，供水企业依靠主业已经难以生存，根本无法实现可持续发展。

2

中国供水与水价政策分析

首先，本章基于政策变迁视角，运用内容分析法和文献计量方法对供水和水价相关政策展开内容计量分析，剖析政策变迁的内部逻辑，以及政策的深层结构和选择偏好，呈现政策文本对供水和水价的发展，以及政策工具选择和使用的变化。

其次，本章采用内容分析法对收集到的政策文本进行分析，内容分析法是一种以定性资料为基础的量化分析技术，将定性的文字资料等内容转化为可用数量表示的数据资料，并使用数理统计方法来呈现和解释分析结果（Stemler，2001）。进一步地，在内容分析法的基础上引入政策工具和核心范畴两个维度构建二维分析框架。其中，政策工具就是将政策预期转化为实际行动而达成政策目标的手段和方式，即为政策目标的实现"选择合适的工具"（Jensen et al.，2013）。核心范畴讨论的是供水和水价的核心要素，主要考查作用于供水和水价的政策工具的合理性与科学性。

最后，本章通过对政策文本的内容进行分析，展现出供水和水价的政策全貌、核心范畴以及发展历程，从而为有效促进供水和水价改革提供参考依据。

2.1 数据基础

本部分以扎根理论为主要的理论基础，扎根理论提倡以"自然呈现"的方式直接从数据中"发现理论"，通过自下而上的归纳过程将材料进行浓缩，利用 Nvivo 12.0 Plus 软件实现从"演绎"向"归纳"的转变，其分析过程需要在不断比较中进行类属整合和优化。本书利用其进行政策文本分析尝试性探索的具体操作如下。

2.1.1 政策文本数据库的建立

本书聚焦国家层面以及省市层面的政策文件，遵循权威性、公开性和完整性原则的数据采集过程：首先，以北大法宝法律数据库为主，对供水和水价的相关关键词，包括"供水""水价"等进行关键词检索，并通过回溯、关联检索等方式扩大检索范围；其次，进一步查阅中央各部委网站、各省市政府网站以进行查漏补缺，经过深度阅读和对比后，剔除不相关的对象；最后，遴选出1998~2021年中央及地方政府颁发的与供水和水价相关的政策法律文本共69份。

2.1.2 供水与水价政策发文数量、主体变迁分析

2.1.2.1 供水与水价政策发文数量

供水与水价政策的历年发文数量及其占比如图2-1所示。

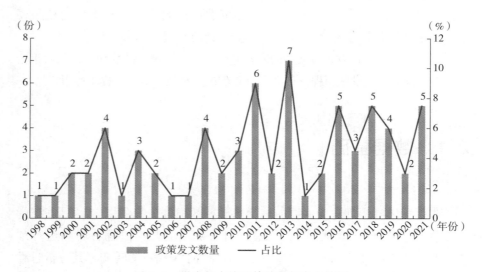

图2-1 供水与水价政策的历年发文情况

资料来源：笔者整理。

由图 2-1 可以看出：自 1998 年以来，中央及地方发布了一定数量的供水与水价方面的政策，发文数量出现了三个比较多的阶段。一是 2000~2002 年，这可能与 1998 年国家计委和建设部印发《城市供水价格管理办法》，提出阶梯水价，并明确国际通行的水价制定原则、结构和程序，中国逐步进入商品供水价格管理阶段有关。二是 2011~2013 年，2010 年国家发展改革委发布《关于做好城市供水价格调整成本公开试点工作的指导意见》，决定在全国部分城市进行城市供水价格调整成本公开试点。此外，水价成本监审和完善阶梯水价的提出也促进了这一时期发文数量的增加。三是 2018~2021 年，2018 年国家提出推进建立有利于节约用水的价格机制，供水和水价进入高质量发展阶段，因此 2018~2021 年的发文数量也较多。

2.1.2.2 供水与水价政策发文主体描述性统计分析

从发文主体的角度来看，供水与水价政策发文主体以单独发文为主、合作发文为辅，如图 2-2 所示。在单独发文的主体中以国家发展改革委、地方发展改革委和物价管理部门为主，还涉及水利部、住房城乡建设部、各级人民政府等。对于供水和水价政策而言，虽然供水和水价主要由发展改革委主导，但是供水和水价政策的实施并不是单独一个机构就可以完成的，必然涉及多部门的配合与协作。因此，在合作发文的主体中，以各级发展改革委为核心，与相关部门如财政、建设、水利、环保等部门联合发文。

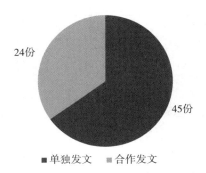

24份

45份

■ 单独发文　■ 合作发文

图 2-2　供水与水价政策发文主体情况

资料来源：笔者整理。

在当前的政策发文主体中，发展改革委是供水价格主管部门，但是其管理的行业多、范围广，事多人少，供水行业的特殊性使地区间、企业间的情况差别很大，使价格主管部门难以实现对供水价格形成机制的全面了解。

2.1.3　开放式编码及其范畴化

开放式编码(Open Coding)是一个将原始资料概念化和范畴化的过程，在围绕主题不断比较材料差异的同时，通过对资料的阅读分析提炼出初始概念和范畴(见表 2-1)。

表 2-1　开放式编码表(部分)

资料摘录	初始概念	范畴
城市供水成本是指供水生产过程中发生的原水费、电费、原材料费、资产折旧费、修理费、直接工资、水质检测和监测费以及其他应计入供水成本的直接费用——《国家计委、建设部关于贯彻城市供水价格管理办法有关问题的通知》(计价格〔1999〕611 号)	供水成本构成	水价定价要素
政府价格主管部门启动调价程序时，供水企业要按照本意见要求，通过本企业网站或当地政府网站进行成本公开，公开的主要内容包括企业有关经营情况和成本数据，以及社会公众关心、关注的其他有关水价调整的重要问题——《关于做好城市供水价格调整成本公开试点工作的指导意见》(发改价格〔2010〕2613 号)	水价调节	水价管理要素

注：鉴于篇幅有限，此处仅展示部分编码表内容。
资料来源：笔者整理。

2.1.4　轴心式编码和主范畴形成

经过开放式编码，原始数据被分解为不同等级和类型的代码，轴心式编码(Axial Coding)将分裂的数据再次整合成连贯的整体，通过联系类属和亚类属的关系，探究它们之间的内在联系(见表 2-2)。

表 2-2　主轴编码表

主范畴	副范畴	开放性范畴（部分）
水价要素	水价定价要素	成本构成、成本核算、收益水平、分类水价、阶梯水价等
	水价管理要素	水价调节、水价计收、援助机制、相关收费等
政策规范对象	政府主管部门	各省、自治区、直辖市的政府及各部门，如财政厅（局）、发展改革委、物价局、水利（水务）厅（局）等
	供水企业	城镇供水企业等
	用水户	居民、工业企业、服务企业等
政策目标	发挥市场机制的作用	发挥市场机制和价格杠杆在水资源配置、水需求调节和水污染防治等方面的作用
	吸引社会资本	社会资本参与建设节水供水工程、政府和社会资本合作（PPP）、政府购买服务等方式
	提高服务质量	供水服务、信息服务等
	促进节约和保护水资源	节约用水、合理开发水资源、提高水利用率
	促进环境保护	水源保护，污水排放管理，污染治理，避免破坏生态环境
	保证水质和供水安全	改善水质、水质监测、水质标准、再生水水质等
	促进供水事业稳定发展	提高供水现代化水平，多层次多渠道筹集供水建设资金，人才培养
	促进完善水价形成机制	以节水和合理配置水资源、提高用水效率、促进水资源可持续和循环利用的节水型社会为核心的水价形成机制，实行阶梯式水价，促进再生水有效利用，成本公开
	规范供水价格制定	水价管理规范化、制度化，规范各类定价和收费，规范核算等
	加强和改进二次供水	二次供水水质、设施、成本、监督
	认识意义	成本公开的意义、节水意义、水价改革意义等
政策工具	权威工具	规定、许可、禁止，要求、标准、评估、监管等
	激励工具	政策倾斜、补贴、税收、信贷、奖励、经费等

续表

主范畴	副范畴	开放性范畴(部分)
政策工具	能力建设工具	引导支持，制度建设，提供教育人才培养、相关设备或工具、有效信息等
	象征劝诫工具	宣传教育等
	系统变革工具	体制改革、权利重组、新组织的建立、已有组织的裁撤或合并、职能重新界定等

资料来源：笔者整理。

2.1.5 选择性编码与模型构建

选择性编码(Selective Coding)通过描述现象的"故事线"梳理和发现核心范畴，通过资料与正在成型的理论之间的互动把握范畴之间的关系，最终构建出新的理论模型。供水和水价政策在不同的历史阶段中，以政策目标为核心，以水价要素为基础，运用政策工具，作用于政策规范对象，如图 2-3 所示。

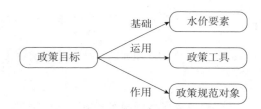

图 2-3 供水和水价政策分析模型

资料来源：笔者整理。

2.2 中国供水和水价管理政策的发展和变迁分析

通过编码分析，本书将中国供水和水价管理政策的发展和变迁分析分为三个阶段。阶段一：1998年9月~2010年10月的商品供水价格管理阶段，标志性政策文件为1998年颁布的《城市供水价格管理办法》。阶段二：2010年11月~2018年5月的全面深化改革阶段，标志性政策文件为2010年颁布的《关于做好城市供水价格调整成本公开试点工作的指导意见》。阶段三：2018年6月至今的促进高质量发展阶段，标志性政策文件为国家发展改革委于2018年发布的《关于创新和完善促进绿色发展价格机制的意见》。通过统计分析和比较各阶段在水价要素、政策规范对象、政策目标和政策工具四个维度中各因素的编码参考点数量对各阶段的发展特征进行分析。

2.2.1　总体变迁情况

2.2.1.1　逐步发展阶段（1998年9月至2010年10月）：商品供水价格管理

1998年，《城市供水价格管理办法》正式出台，标志着中国供水价格从法律层面转入商品价格管理层面，供水单位水费收入逐步增加，将城市供水看作一种商品，具有使用价值（李俊艳，2016）。2008年，《水资源费征收使用管理办法》明确了水资源费用相关管理规定。该阶段的初期特点是安装总表，由集中供水、用水（取水）向分户供水过渡，水费由单位福利向分摊水费过渡，后期逐步由总表向一户一表过渡。

中国水价管理逐步发展阶段的政策演进分析框架如图2-4所示，包括政策中涉及的水价要素、政策规范对象、政策目标和政策工具中所包含的节点及其对应的参考点数量，参考点数量越多，表明该节点在政策中被强调得越多，其重要性越突出。

在水价要素上，以"城市居民生活用水实行阶梯式计量水价""根据使用性质实行分类水价"等水价管理要素和"污水处理费计入城市供水价格""城市供水价格由供水成本、费用、税金和利润构成""城市供水逐步以社会平均成本定价"等水价定价要素为主。在政策规范对象上，以政府主管部门为主，少数政策对供水企业有所规范。在政策目标上，主要促进水利工程可持续发展、促进节约和保护水资源、促进完善水价形成机制、促进供水事业稳定发展。在政策工具上多采用能力建设工具、权威工具、系统变革工具。

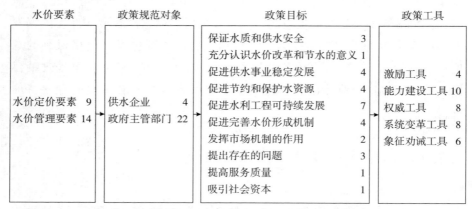

图 2-4　中国水价管理逐步发展阶段的政策演进分析框架

资料来源：笔者整理。

2.2.1.2　调整改革阶段（2010 年 11 月至 2018 年 5 月）：全面深化改革水价形成机制

在水价要素上，以"城市供水定价成本包括制水成本、输配成本和期间费用""供水定价单位成本"等水价定价要素和"简化城市公共供水价格分类""实行超定额用水累进加收水资源费制度""推行节水计价方式"等水价管理要素为主。政策规范对象主要还是政府主管部门和供水企业，同时包括用水户。在政策目标上，这个阶段以促进节约和保护水资源、规范供水价格制定、认识水价调整和成本公开的意义为主。在政策工具上，不只使用权威工具和能力建设工具，还更加重视激励工具和系统变革工具的使用，并且更多地使用象征劝诫工具。

为进一步完善水价形成机制，促进水价调整工作更加规范有序和公开透明，国家发展改革委在 2010 年发布《关于做好城市供水价格调整成本公开试点工作的指导意见》，决定在全国部分城市进行城市供水价格调整成本公开试点，标志着中国供水价格管理正式进入全面深化改革阶段，这一阶段开始关注水价的调节和成本公开、成本监审等问题。2013 年，国家发展改革委、住房城乡建设部发布《关于加快建立完善城镇居民用水阶梯价格制度的指导意见》，指出需在 2015 年底前，建立并且全面实行完善居民阶梯水价制度，缺水地区应该加大阶梯的价差。该阶段主要按供水成本核算计收水费，特点是实施一户一表，水费由两部制水价变为计量水价，体现水的资源属性，实行居民生活用水阶梯水价和非居民用水累计加价制度。

中国水价管理调整改革阶段的政策演进分析框架如图 2-5 所示。

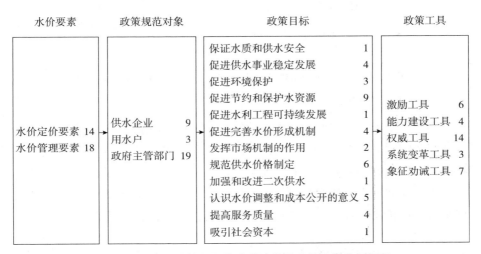

图 2-5　中国水价管理调整改革阶段的政策演进分析框架

资料来源：笔者整理。

2.2.1.3　强化完善阶段(2018 年 6 月至今)：促进供水事业高质量发展

2018 年，国家发展改革委发布《关于创新和完善促进绿色发展价格机制的意见》，完善了收费政策，建立价格机制，健全收费机制，统筹考虑经济效益和生态环境，在促进资源节约和生态环境保护的基础上，推动形成绿色发展空间格局。该时期的政策主要以促进形成节约用水的水价机制和绿色发展的价格机制，强化完善供水制度并促进供水事业高质量发展为目标，典型事件是"清费顺价"，通过清理不合理费用，明确政府、供水企业、用水户各自在供水中的责任和义务，促进供水价格调整，充分体现供水的商品属性。

中国供水和水价管理强化完善阶段的政策演进分析框架如图 2-6 所示。

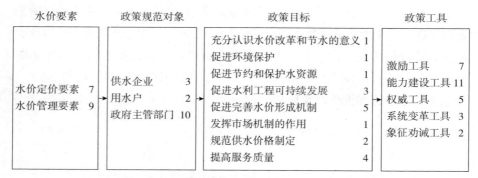

图 2-6　中国供水和水价管理强化完善阶段的政策演进分析框架

资料来源：笔者整理。

在水价要素上，以"简化用水价格分类""遵循补偿成本"等水价定价要素和"供水价格要与改革水价计量方式相结合""实行容量水价和计量水价相结合"等水价管理要素为主；政策规范对象还是以政府部门为主，同时对供水企业和用水户进行规范；在政策目标上，将目标着重转移至促进完善水价形成机制、提高服务质量；政策工具以能力建设工具为主。

2.2.2　政策主题变迁分析

从供水与水价政策的主题词演变情况来看，供水、管理、水利、水价、标准、成本、改革等词频繁出现在各时期的供水与水价政策文本当中，且根据 Nvivo 12.0 Plus 软件词频统计结果，不同时期的供水与水价政策主题词词频之间存在一定的差异。对以下三个阶段的词句进行政策话术体系分析后，可以看出在政策发展变迁的过程中有些词句贯穿始终，有些词句崭露头角，这也体现出该过程中的"变"与"不变"。一是统计中高频反复出现在各时期的政策文件中的词汇体现了政策变迁的稳定性、正确决策以及领导层对供水与水价政策目标的长远规划方向是一致的；二是不同的时期、不同的国情、不同的经济基础，政策中的高频词产生了变动，符合社会自然发展的客观规律，体现出供水与水价的相关政策制度在不断地进步与完善。本书用 Nvivo 12.0 Plus 对 69 份政策文件进行了编码，分析词频并找出了出现频率前 16 位的词句，详细地描述出了供水与水价相关政策不断发展和完善的历程。

2.2.2.1　商品供水价格管理阶段（1998 年 9 月～2010 年 10 月）

进入 21 世纪后，中国的改革事业进一步向纵深方向发展，各地按照中央印发的文件开展水价的定制、后续的水价管理等工作，在不断深化改革中，结合自身情况制定了阶梯水价、分类水价等收费形式，水价进入商品供水价格管理阶段。在这一时期，中国水价体系正由社会福利向市场化过渡。初期特点是安装总表，由集中供水、用水（取水）向分户供水过渡，水费由单位福利向分摊水费过渡；后期特点是逐步由总表向一户一表过渡，实行基本水价与计量水价相结合的两部制水价。

商品供水价格管理阶段政策文本关键词词频分析结果如图 2-7 所示。首先，与之前相同的是，保障供水和用水仍然是水价管理的重要主题，"供水""管理"等词的出现频数依然较高。其次，该阶段中"价格""水价""成本""费用""企业""水资源"等关键词体现了水资源被视作一种商品，由供水企业生产加工并出售给用水户，其价格与成本等问题需要重点考虑。这体现了供水水费全面向经营性收费管理转变，水资源的商品特征也得到了凸显。

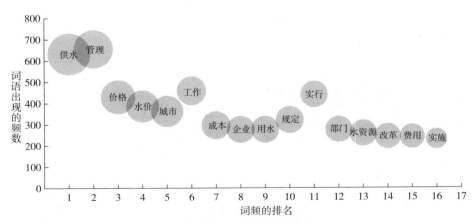

图 2-7　商品供水价格管理阶段政策文本关键词词频分析结果

资料来源：笔者整理。

在此基础上，国家计委和建设部于 1998 年颁布了《城市供水价格管理办法》，提出了"阶梯水价"这一概念，明确了国际通行的水价制定原则、结构和程序。供水企业的经营生存、供水设备的维护等都需要资金支持，如果这些问题不能得到及时解决，积病成险，会影响国民经济和人民群众的生命财产安全，因此推行水价管理体制的改革势在必行。在国家发布改革意见后，各地根据自身的实际情况做出了不同的改变，因此，"工作""管理""改革""规定"几个关键词在该阶段政策文本中的词频明显提高，体现了各部门积极落实改革意见以及水资源商品化的过程。

2.2.2.2　全面深化改革阶段（2010 年 11 月~2018 年 5 月）

为进一步完善水价形成机制，促进水价调整工作更加规范有序和公开透明，国家发展改革委在 2010 年发布《关于做好城市供水价格调整成本公开试点工作的指导意见》，决定在全国部分城市进行城市供水价格调整成本公开试点。此后，各省区市纷纷响应，相继发布了关于完善水价价格管理的政策制度。这一阶段主要是按供水成本核算计收水费，特点是实施一户一表，水费由两部制水价变为计量水价，体现了水的资源属性，实行居民生活用水阶梯水价、非居民用水累计加价制度。

全面深化改革阶段政策文本关键词词频分析结果如图 2-8 所示。

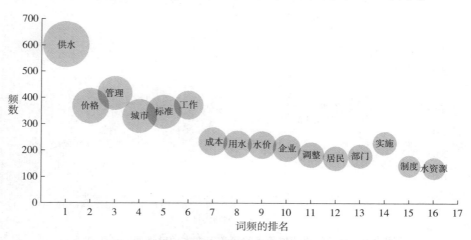

图 2-8　全面深化改革阶段政策文本关键词词频分析结果

资料来源：笔者整理。

由图 2-8 可以看出，除保障供水和用水外，进一步深化水价改革、完善供水价格调整机制是这一时期的重要主题，"标准""调整""制度"等词的词频较上一个阶段有非常大的提高。此外，"管理""水价""价格""成本"等关键词的高频出现也体现出水价改革的深入。最典型的是建立了"简化用水价格分类""节水激励机制"并进一步执行"阶梯水价制度"，表明了现阶段发挥市场机制的主要作用是促进节约和保护水资源。

2.2.2.3 促进高质量发展阶段（2018 年 6 月至今）

在高质量、现代化经济发展的今天，绿色发展是必要条件，是发展观念的一个重要转折，其核心是节约资源和保护生态环境。国家发展改革委于 2018 年颁布了《关于创新和完善促进绿色发展价格机制的意见》，该意见指出要完善收费政策，建立价格机制，健全收费机制，统筹考虑经济效益和生态环境，在促进资源节约和生态环境保护的基础上，推动形成绿色发展空间格局；要求将经济效益和生态环境统筹考虑，建立充分反映资源稀缺性又体现生态价值的绿色价格体系。这对部分地区进一步完善水价机制，减少对生态环境造成的负担，进一步完善水价激励与约束制度有着重大的指导意义。

在促进高质量发展阶段，要坚持问题导向、污染者付费、激励与约束并重、因地分类施策四个基本原则。这一阶段需要实现的目标：有利于绿色发展的价格机制、价格政策体系基本形成，促进资源节约和生态环境成本内部化的作用明显增强，完善污水处理的收费政策。因此，这一阶段的政策主要以强化完善且促进供水事业高质量发展为目的，典型事件是"清费顺价"，通过清理不合理费用，明确政府、供水企业、用水户各自在供水中的责任和义务，促进供水价格调整，充分体现供水的商品属性。

促进高质量发展阶段的政策文本关键词词频分析结果如图 2-9 所示，除前几个阶段中包含的主要关键词外，"建设""服务""行业"等词的词频首次进入前 16 名，体现了水价政策正在向提高服务质量、完善细节、推动整个供水行业健康可持续发展等目标前进。

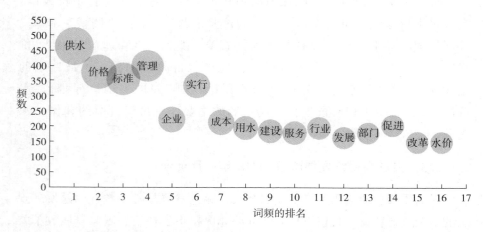

图 2-9 促进高质量发展阶段政策文本关键词词频分析结果

资料来源：笔者整理。

2.2.3 政策工具变迁分析

2.2.3.1 政策工具的纵横维度分析

各阶段的政策工具应用情况如表 2-3、图 2-10 所示。

表 2-3 各阶段的政策工具应用情况

政策工具	逐步发展阶段	调整改革阶段	强化完善阶段
权威工具	8	14	5
激励工具	4	6	7
能力建设工具	10	4	11
象征劝诫工具	6	7	2
系统变革工具	8	3	3

资料来源：笔者整理。

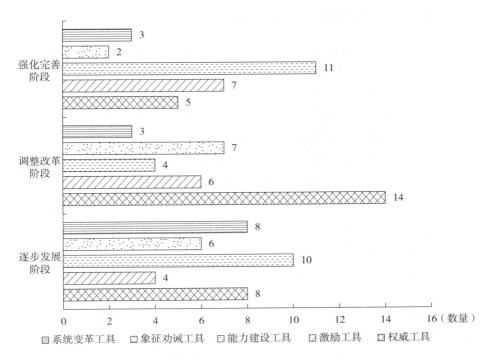

图2-10　各阶段的政策工具应用情况

资料来源：笔者整理。

从表2-3和图2-10中的数据可知，从1998年开始各类政策工具才陆续出现，在这之前是从社会福利的水价体系过渡到计量水价体系，因而此前相关制度文件都很少。

"激励工具"在这三个阶段中按时间顺序逐步增多，这体现出随着水价制度的持续改革，激励机制逐渐用于激发用水户的主观能动性。"能力建设工具"在三个阶段中呈现先减少后增加的态势，总体而言运用较多，说明能力建设始终是城市水价改革中看重的地方。

从第二阶段到第三阶段，"权威工具""象征劝诫工具"数量都出现了明显的下降，但"激励工具""系统变革工具"基本保持稳定发展的趋势，这体现了水价的机制更加成熟和稳定。第三阶段的任务主要是完善细节问题，提高服务质量，促进供水企业的健康稳定发展。

2.2.3.2 政策工具与政策对象的二维分析

政策工具是将政策由理念变为具体行动从而实现政策目标的手段。基于此,本书从政策工具类型(X 维度)和政策对象(Y 维度)出发对 69 份供水与水价政策展开分析。其中,X 维度主要运用数理统计方法对政策工具进行归类,并对各类政策工具频次进行统计分析,以揭示政策内部工具间的深层矛盾和结构关系。Y 维度则从政府部门、供水企业和用水户三类政策客体出发,对供水与水价政策中作用于政策对象的工具频次和分布特征等进行统计分析,结合 X 维度综合呈现出供水与水价政策工具选择和搭配现状。

(1)X 维度:政策工具维度。本书在借鉴 McDonnell 和 Elmore(1987)、Schneider 和 Ingram(1990)对政策工具分类的基础上,将中国供水和水价的政策工具分为权威工具、象征劝诫工具、激励工具、能力建设工具和系统变革工具五种。

1)权威工具。权威工具属于强制性的工具,是政府为了规范个人或者组织的行为而出台的政策文件,使社会在某些方面的行为达到一致。在本书中,指的是政府在供水和水价方面对下属部门、企业、用水户做的一些要求,从而实现供水行业的稳定可持续发展。

2)象征劝诫工具。象征劝诫工具由政府向社会公布,期望社会群体按照政府意愿改变自身的行为。政府试图说服人们去做或者不做某类事情,力求改变被说服者的偏好或者行动,但不通过强制性的奖惩使行为发生。

3)激励工具。激励工具是通过一定的奖惩制度对个体或者组织进行引导,引导他们去完成政府所期望的行为,不需要对全体社会强制要求。在本书中,大多是正向激励,激发政策对象的主动性和积极性,完善水价制度,促进水利事业的可持续发展。

4)能力建设工具。一些个体或者组织无法完成某个要求,并且不是不想完成,而是没有足够的能力完成,这个时候需要一些相应的措施和制度来帮助他们完成。能力建设工具在本书中指的是政府部门对一些特定的群体在供水事业方面进行"优待",从宏观方面来看这是为了水利事业能可持续健康发展。

5)系统变革工具。系统变革工具的理想结果是变革后的个体或者组织机构能够完成新的任务，并能够满足新的要求。其在本书中指的是政府为了实现更好的水价管理目标对以前的制度进行改革，以达到预期的目标。

（2）Y维度：政策对象维度。

1)政府主管部门。主管某个方面的政府部门，是指一个单位的上级（政府）管理机构。例如，教育的行政主管部门是教育部门，土地的行政主管部门是国土资源部门，还有公安部门、税务部门、财政部门、人事部门、民政部门等。在本书中政府主管部门是对供水事业有直接或者间接影响的任何部门。

2)供水企业。在人们认识到瘟疫与城市垃圾、水源间的关系之后，日益膨胀的城市人口对干净用水的需求便迫在眉睫，而传统的送水工和公共水库不尽如人意，供水企业应运而生，奠定了如今城市生活的基础。

3)用水户。在供水建设与管理中，用水户是享有知情权、监督权、决策与管理的参与权，同时应履行力所能及范围内的投资、筹资、缴纳水费、维护和爱护工程等责任和义务的个体或者组织。

X-Y二维分析框架如图2-11所示。

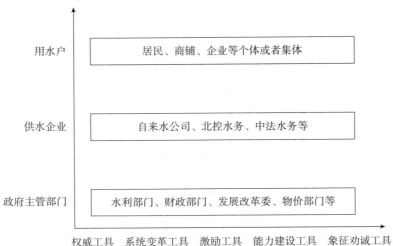

图2-11　X-Y二维分析框架

资料来源：笔者整理。

2.2.3.3　政策工具的阶段性分析

（1）商品供水价格管理阶段（1998 年 9 月~2010 年 10 月）。这一阶段的政策工具作用对象占比如表 2-4 所示。

表 2-4　商品供水价格管理阶段政策工具作用对象占比

政策对象	权威工具（%）	激励工具（%）	能力建设工具（%）	象征劝诫工具（%）	系统变革工具（%）
政府主管部门	88.9	50.0	75.0	83.3	85.5
供水企业	11.1	50.0	25.0	16.7	14.5
用水户	—	—	—	—	—

资料来源：笔者整理。

1998 年政府出台了《城市供水价格管理办法》，代表着之前公益性供水、低价象征性收取水费的时代结束，供水单位逐渐转变为经营性的企业，水资源也纳入国家商品管理体系，其商品化的特征开始显现。如表 2-4 所示，这个时期中，五类政策工具大部分的规范对象是政府主管部门，这说明水资源的管理还是由政府主导，供水企业积极配合。其中，系统变革工具对于政府主管部门来说主要是强调水价制度的创新。

（2）全面深化改革阶段（2010 年 11 月~2018 年 5 月）。这一阶段的政策工具作用对象占比如表 2-5 所示。

表 2-5　全面深化改革阶段政策工具作用对象占比

政策对象	权威工具（%）	激励工具（%）	能力建设工具（%）	象征劝诫工具（%）	系统变革工具（%）
政府主管部门	56.25	80.00	66.80	62.50	100.00
供水企业	31.25	20.00	16.60	25.00	—
用水户	12.50	—	16.60	12.50	—

资料来源：笔者整理。

这一阶段国家开始关注水价的调节和成本公开、成本监审等问题，长期以来中国的水资源供需问题一直没有得到有效的解决，其根本原因是水价设定不合理，水价过高会增加人民的生活负担，不利于社会的稳定；水价过低，不利于供水事业的健康发展，供水管理没有资金的支撑将无法进行，而管理粗放也会造成水资源的利用率低下，造成严重的浪费。因此，在全面深化改革阶段，政府用水价机制来调节水价，既能让人们节约用水，又能保障供水事业的健康发展。从表 2-5 可以看出，针对政府主管部门的激励工具和系统变革工具被广泛运用，分别占比 80.00% 和 100.00%，在象征劝诫工具的使用中，用水户达到了 12.50%，这体现了政府希望通过宣传的方式改变部分人的想法和行为。

（3）促进高质量发展阶段（2018 年 6 月至今）。这一阶段的政策工具作用对象占比如表 2-6 所示。

表 2-6　促进高质量发展阶段政策工具作用对象占比

政策对象	权威工具(%)	激励工具(%)	能力建设工具(%)	象征劝诫工具(%)	系统变革工具(%)
政府主管部门	60.0	71.4	75.0	33.4	100.0
供水企业	20.0	14.3	12.5	33.3	—
用水户	20.0	14.3	12.5	33.3	—

资料来源：笔者整理。

2018 年，国家发布了《关于创新和完善促进绿色发展价格机制的意见》，指出在现代化建设中绿色工程是非常重要的，在发展中要更多考虑节约资源和保护环境。这需要将水价逐步提高到成本价格以上，通过水价的市场机制，反过来促使人们节约用水，从表 2-6 中系统变革工具对政府主管部门的使用率为 100%，可以看出政府对水价调整的强制要求。另外，激励工具对三个政策规范对象都有不同程度的涉及，也体现了政府希望从侧面通过奖惩机制的引导建设绿色工程。最后，象征劝诫工具在三个政策对象的分布基本均匀，表现出政府应用多样式的方法推进形成绿色发展方式和文明用水，助力水生态文明建设。

2.3 中国部分区域供水和水价管理政策的对比分析

本部分对长三角地区主要省份及城市、珠三角地区主要城市，以及四川省的供水和水价政策进行对比分析。对比分析的结果显示，各区域的共同特点是在国家的总体要求下，结合各自区域的实际情况，制定符合本区域的政策。此外，这些地区的水价改革过程具有自身的特点，也取得了较好的改革效果，为进一步深化水价改革提供一些参考和借鉴。

2.3.1 长三角地区主要省份及城市的供水和水价政策分析

江苏省是水价改革的优秀实践者，在水价改革方面做了较多探索。在国家计委等部门于 2002 年发布《关于进一步推进城市供水价格改革工作的通知》后，江苏省物价局于 2003 年发布了《关于进一步加快水价改革的意见》，提出要"初步形成合理的水价形成机制和科学的水价计价方式，建立供水、污水处理、回用水和地下水四者之间合理的比价关系"。2006 年江苏省物价局发布《江苏省"十一五"水价改革意见》提出要"建立充分体现我省水资源状况，以节水和合理配置水资源、提高用水效率、促进水污染防治和水资源可持续利用为核心的水价机制"。2012 年江苏省物价局发布《江苏省"十二五"水价改革的意见》提出要"建立有利于促进节约用水和水污染防治、保障饮用水安全和保证供水单位良性运行、合理配置水资源和提高用水效率为核心的水价形成机制，充分发挥市场机制和价格杠杆调节作用，促进水资源的可持续利用"。可以看出，江苏省在水价改革的各阶段都积极制定政策，以适应新的改革形式和目标。

上海市一直致力于水价改革，在水价机制改革方面走在全国的前列。

2013 年，国家发展改革委和住房城乡建设部发布《关于加快建立完善城镇居民用水阶梯价格制度的指导意见》。上海市于 2013 年 9 月 1 日开始正式实施阶梯水价制度。阶梯水价的实施对上海市的节水工作起到了一定的促进作用。2021 年 8 月，在国家发展改革委修订印发的《城镇供水价格管理办法》落地后，上海发挥了带头作用。上海市发展改革委发布的《上海市属供排水企业服务区域居民用户水价定价方案》，是上海市自 2013 年以来首次对居民用水水价进行调整。该方案一是调整居民阶梯水价标准，二是保持居民阶梯水量不变。此外，在调整居民水价的同时，上海还将采取一系列综合配套措施：继续加大政府和社会监管力度、确保低收入群体基本生活不受水价调整影响、提高供排水行业服务水平、促进企业降本增效、完善节水制度和能力建设等。可见，上海市对水价改革、水价调整目标的反应速度和适应能力突出。

　　杭州市水价改革也取得了良好效果。以阶梯水价制度的施行为例，从 2015 年 1 月 1 日起，杭州实行市区居民阶梯水价改革，实施范围为"一户一表、抄表到户"用水户，并对市区低保及困难家庭在原困难家庭水电煤补贴基础上每户每月增加 15 元。杭州居民阶梯水价改革统筹兼顾供水事业发展与群众生活需求、低收入群体经济承受能力、促进节约用水等，阶梯水价政策自实施以来取得积极成效，有效抑制了水资源浪费。居民生活用水按"保本微利"原则定价，保障供水发展，实现各方利益共赢，形成政府调控市场、价格引导资源优化配置的格局(江小平，2020)。

2.3.2　珠三角地区主要城市的供水和水价政策分析

　　深圳市是水价改革的先行者，逐步推进水价改革。从深圳水价发展历程来看，可梳理出以下几个关键时间节点：1990 年首次实施阶梯水价；1994 年允许中间层加价收费；1996 年取消中间层加价，改为高层加压费；1999 年设立"水费调节基金"用于平抑水价；2002 年设立"特种用水"，对低收入家庭实施减免政策；2004 年取消高层加压费，"中间层"用户实行趸售价格；2011~2013 年统一全市水价，盘活节水基金。

　　2017 年《深圳市水价改革实施方案》出台。该改革方案提出：完善阶梯水价制度，拉大各阶梯价差，更好地发挥价格杠杆促进节约用水的作用；积极利用水价政策促进经济发展方式转变和经济结构调整；按照"补偿成本、合理收益、促进节水和公平负担"的原则，简化用水分类；通过价格政策，推动减少供水中间环节；统一全市水价政策，促进公平负担和公共服务均等化；引导供水企业提升水质，实现优质优价；合理调整水价，保障供水行业可持续发展；完善水价调节机制，设立自来水价格平衡账户；建立自来水价格与原水价格联动机制，及时理顺上下游水价关系；确保公共财政对防洪等公益性项目的投入，保障供水安全。

从中不难看出，深圳市的水价结构、定价模式以及调价机制随着时间与经验的积累，均逐步趋于合理化、科学化、人性化。除供水企业本身的发展外，政府相关政策的出台也对水价起了至关重要的积极作用。

2.3.3 四川省供水和水价政策分析

四川省于 2005 年开始水价改革并发布了《四川省人民政府关于深化水价改革加强节水工作的实施意见》，提出要"进一步推进水价改革，促进节约用水，提高用水效率，建设资源节约型、环境友好型社会"。2014 年，四川省发展和改革委员会和四川省住房和城乡建设厅印发《关于加快建立完善城镇居民用水阶梯价格制度的意见》，提出建立完善居民用水阶梯价格制度等一系列举措。

此外，四川省也是水价改革中成本监审的先行者。虽然国家发展改革委于 2011 年发布了《关于做好城市供水价格调整成本公开试点工作的指导意见》《城市供水定价成本监审办法（试行）》，但四川省早在 2006 年就发布了《四川省城市供水定价成本监审办法（试行）》，其中明确规定了水价的定价成本构成项目及相关审核标准。因此，在水价定价的成本监审方面，四川省走在全国前列。

但鉴于地区间的经济发展不平衡，中西部地区财力有限，四川省长期受到地方财政入不敷出的困扰，近十几年供水企业的生存发展主要靠以业养业的资金(即价外收费)来维持供水的基本投入和弥补供水成本,以部分解决政府投资长期缺位和水价、成本倒挂的实际困难,保证供水行业的安全、管网和水厂扩能的投入,确保社会稳定。

近年来,国家政策提出了"清费顺价"的要求,对大部分地方而言,"顺价"是"清费"的前提和基础。然而,随着"清费"工作的开展,供水企业的很多收费项目被取消,保证供水发展和成本补偿的资金来源断流,在没有其他收费项目的情况下,"顺价"工作没有得到全面落实,水价尚未实现合理调整,这导致了供水企业的合理成本无法通过价格得到补偿,企业生存发展面临着非常大的困难。因此,只有理顺供水价格机制,解决供水企业主营业务的政策性亏损问题,才能促使作为行业主体的供水企业提高服务质量和效率。

2.4 供水和水价政策的变迁逻辑

2.4.1 价值逻辑:水价管理政策变迁是促进节约和保护水资源、推进生态文明建设的结果

水资源配置和管理的核心目标之一是生态环境保护(傅涛等,2006)。缺水、环境污染和生态系统的损失是供水中面临的生态环境挑战。水价政策的建立源于人们对水资源重要性和稀缺性的认识,从最初的无偿供水到低价福利性供水,到按供水成本核算计收,再到后期分类建立阶梯水价等政策,直到促进供水事业高质量发展。从"科学发展观"到"习近平新时代中国特色社会主义思想",共产党在执政理念上日益重视生态文明建设,水价政策改革以促进节约和保护水资源,促进生态文明建设为最终目标(孙建光和韩桂兰,2012)。

在水价政策的变迁中,从节约和保护水资源的角度来看,从无偿到付费,从统一收费到分类收费,水价结构不断优化,阶梯水价等措施的实施

都旨在不断完善水价的形成机制，推动供水企业和用水户节约用水和保护水资源。此外，就中国水资源供需调节而言，长期以来水资源价格的不合理导致水资源供需不平衡，合理的水价制度是调节水资源供需的重要杠杆，是生态文明建设中的重要步骤。随着水价政策的变迁，供水结构逐渐优化，水资源成本和生态成本也逐渐纳入供水成本，体现了水价作为经济杠杆调节水资源供求关系的重要作用。因此，从内在价值导向来看，节约和保护水资源，促进生态文明建设的实现是中国水价政策始终不变的价值逻辑。

2.4.2 实践逻辑：水价管理政策变迁是促进供水事业可持续发展的结果

水价政策的变迁内嵌于供水事业发展的道路中，是供水服务市场化改革系统中的一项重要内容，是供水结构变革、供水设施建设、水价形成机制发展的结果，也是促进供水事业可持续发展的结果。例如，长期以来，供水企业存在着成本倒挂问题，企业财务面临着可持续发展的挑战，同时存在一些不合理的收费行为。"确定怎样的供水结构""如何确定水费标准""确定哪些水费定价要素"是水价改革的核心问题。水价管理政策在不同历史时期的发展中，逐步形成了对以上问题的答案体系，并逐步演化为水价管理的制度体系。

从最初的无偿供水政策与福利性低价供水政策到收费方式转变至按供水成本核算计收水费；到《城市供水价格管理办法》逐渐规范供水价格形成机制，将城市供水收费标准细分，优化供水结构；再到《关于加快建立完善城镇居民用水阶梯价格制度的指导意见》确定使用阶梯水价；直至后期《关于创新和完善促进绿色发展价格机制的意见》的制度体系，不仅确定且优化了中国的供水结构，还确定了分类收费标准，同时细化了中国供水收费定价的要素。

由此可见，在特定的供水事业发展道路中，在水价中引入市场机制，发挥市场对水价的调节作用始终都是水价政策的重要目标。确定合理的供水结构、确定收费标准和定价要素，将水销售至用水户，从而促使供水事业向政府监管有力、市场灵活有效、公益性和盈利性相得益彰的方向可持续发展。

2.4.3　工具逻辑：水价管理政策变迁是合乎不同时期与不同政策规范对象，同时将能力建设贯穿始终的结果

水价政策综合运用了激励工具、能力建设工具、权威工具、系统变革工具和象征劝诚工具五类政策工具。在时间维度上，前期以权威工具和能力建设工具为主，主要体现在使用政策规范供水法制建设，通过能力建设工具促使供水事业从无偿供水、低价供水阶段转向按供水成本核算计收水费阶段，逐步建立合理的供水制度；中期以能力建设工具、权威工具和系统变革工具为主，同时较多使用激励工具，这个时期是水价管理逐步发展到调整改革的阶段，使用能力建设工具完善供水费用的征收管理，使供水事业可持续发展，同时使用系统变革工具调整我国水价形成的机制，坚持改革创新，逐步完善水价形成机制；后期则以激励工具和能力建设工具为主，主要体现在使用激励工具进行补贴和奖励，使用能力建设工具健全服务体系和完善工程建设和管护机制，从而促进供水事业的高质量发展和绿色发展。

在政策规范对象维度上，各类政策工具的选择与政府部门、供水企业和用水户的职能与特质紧密相关。水价管理政策主要涉及政府部门、用水户和供水企业，权威工具和系统变革工具更多应用于政府部门，能力建设工具更多应用于供水企业，而用水户更多使用激励工具和权威工具。不仅如此，能力建设工具贯穿中国供水的各个阶段，这是由于行业实现长远发展的核心要素之一是重视企业的能力建设。通过能力建设促进产业结构的调整和生产方式的转变，提高企业绩效，提升供水渠道、设施的建设、运行维护能力，建立健全供水企业管理制度，提高企业经营管理能力，从而促进供水行业的健康稳定发展。

由此可见，水价管理政策变迁是针对不同时期，面对不同对象选择性地采用政策工具，并且将能力建设贯穿始终的综合体现。

2.5 政策的实施现状

水价是促进节水和加强水资源管理的有效手段，也是充分发挥市场在水资源配置中决定性作用的具体体现。但作为经济措施，水价政策的实施受到诸多因素影响。

水资源具有多重属性，因此其配置和管理不能仅面向单一的经济政策和目标，而是需要同时兼顾众多社会目标和生态环境保护目标。当一种经济手段在实现其自身内在目标并要求综合考虑社会和生态环境保护等其他外部目标时，特别是当这些目标不兼容甚至互相冲突时，必然会对其政策的有效性和结果产生影响。一般来讲，如果以经济效益优先来配置水资源，社会支付能力、企业财务可持续性和生态环境可持续性往往会成为问题；成本回收保障了企业财务可持续，但可能导致公众无法承担、资源配置效率不高，而保障低收入群体的供水和用水是社会关注的问题；缺水、环境污染和生态系统的价值和损失由生态环境目标来体现。因此，在理论和现实层面，制定兼顾社会公平、资源配置效率和生态环境可持续的水价政策十分困难，水价改革的政策选择实际上是这些目标的协调、平衡和妥协，以及这些目标在不同时期的政策优先性的体现。

1998 年以来，中国水价改革经历了理论和实践同探索的过程。在理论层面，中国已经建立了全面、系统和先进的水价制定政策和工具框架，可有效应对、处理和实现各种政策目标。但在实践层面，中国水价政策受水行业内部和外部各因素影响，长期以来，改革路径和目标不确定，处于不断调整的过程中。在宏观方向上，水价改革的重点在经济、社会和生态环境目标之间摆动；在具体政策上，伴随着价格水平上升，水价改革的重点已逐步从服务收费向资源和环境收费演变，但服务收费的改革并没有完成。同时，水价改革的实践与改革的政策目标不一致，外部的经济和社会因素(如 CPI 等)持续不断地影响水价改革的实践；而水行业内部的成本回收和水资源短缺问题并没有被较好地解决。

当前中国水价改革正处于关键突破期，如何将已建立的水价政策制定框架落到具体实践中是一项挑战。加快水资源及其产品价格改革，全面反映市场供求、资源稀缺程度、生态环境损害成本和修复效益，需要进一步研究中央政府与地方政府在水价管制方面的权责分工、有效的水价监管体系的条件、实施工具、实施程序以及作用效果(周耀东和张鹏，2017)。水资源作为一种特殊商品，既有公共物品属性又有商品属性，因此在定价时要统筹考虑公平性、用水户的承受能力和水资源的稀缺性。目前，中国水价形成机制仍有完善和优化的空间，并且需要针对地方的具体情况精准施策。政策实施效果还有待提高，具体问题如下。

一是部分政策落实存在困难。例如，水资源和供水行业的特性导致同一地区不同的供水企业之间由于水厂选址、地势、季节、时段、水质等原因存在供水成本差异，从而为落实同一地区水价需相同的政策规定带来困难。又如，虽然有关于水价调整的相关政策出台，但经济欠发达地区收费难，水价调整不到位，部分地区水价非常低，远不能弥补成本，政策没有得到落实。此外，虽然政策规定水价不含扩能与城市管网建设和改造投资，这部分费用应由政府承担，但由于政府财力有限，企业承担了部分政策规定外的成本，加重了企业的负担。

二是政府制定的相关配套政策措施不足。例如，缺乏城市供水市场化改革的配套政策，虽然有关于水价调整的政策出台，但政策详细程度不足，调价机制不固定，导致执行和落实困难，从而使水价的合理调整难以实现。又如，建立合理的水价形成机制是城市水价市场化改革的核心，但长期以来具体措施的不足导致水价政策的推行非常艰难，政策落实远远滞后于政策出台，阶梯水价从首次提出到全面推行落实就经历了漫长的过程。

三是政策规定不够明晰。供水行业涉及多个管理主体，对水价系统的管理存在多头管理的现象，颁布的政策未能实现环环相扣。此外，终端水价包含了基本水价、水资源税和污水处理价格，其中水资源税和污水处理费属于行政事业性收费，由供水企业代为收缴，实行专款专用，未计入供水成本。但由于其在政策中的呈现不够明确和对公众的宣传不足，公众会把终端水价上涨的原因全部归结于供水企业，导致供水企业在调整基本水价时阻力重重。

在实践层面，目前仍然存在政府投资长期缺位、供水行业改革明显滞后于其他公用行业、水价和成本长期倒挂、水的商品属性长期被忽视等问题。因此，需要在中央的政策导向下，结合四川省的具体情况，制定适合四川省的供水和水价规范政策文件。

3

四川省城镇供水价格机制的运行环境分析

3.1 供水价格机制调研

3.1.1 背景及目的

水的重要性可以用三句话概括：水是生命之源，没有水就没有生命；水是农业、工业的血液，没有水就谈不上农业、工业的存在；水是城市发展的基础，没有水就没有今天的人类社会。

水的重要性及如何保障人民群众的安全供水一直是政府高度重视的一项工作。2020年12月，国务院办公厅转发国家发展改革委等部门《关于清理规范城镇供水供电供气供暖行业收费促进行业高质量发展的意见》（国办函〔2020〕129号），2021年2月25日，《四川省发展和改革委员会等7部门关于开展清理规范城镇供水供电供气行业收费有关工作的通知》（川发改价格〔2021〕57号）发布。为认真贯彻落实相关文件要求，四川省城镇供水排水协会同成都理工大学管理科学学院，拟结合四川省城镇供水在城镇公共供水、二次供水管理的实际情况，通过分析城市供水企业经营现状，并与其他市政公用行业对比，以期找出制约城镇供水事业健康可持续发展的主要因素及其关联的影响因子，在权责对等的原则下探索城镇供水价格机制改革模式。

3.1.2 过程情况

为了更好地贯彻和执行《关于清理规范城镇供水供电供气供暖行业收费促进行业高质量发展的意见》(国办函〔2020〕129号),四川省城镇供水排水协会启动了"四川省城镇供水价格机制改革研究"的相关工作,并于2021年3~4月与成都理工大学管理科学学院联合对成都、内江、泸州、宜宾、自贡、眉山、雅安、乐山、南充、遂宁、绵阳、德阳、达州、资阳、巴中、广元、广安等地级市供水行政、价格、市场监管和卫生执法主管部门、供水企业负责人及市辖行政区域内的92个县级城市公共供水企业主要负责人、财务主管开展深度座谈交流,听取并收集各地方供水企业执行《四川省发展和改革委员会等7部门关于开展清理规范城镇供水供电供气行业收费有关工作的通知》(川发改价格〔2021〕57号)过程中所存在的问题和困难,对《城镇供水定价成本监审办法(征求意见稿)》《城镇供水价格管理办法(征求意见稿)》等的意见和建议,了解当地城市公共供水、二次供水管理现状,整理形成了2万余字的访谈记录。为了解企业真实的经营情况,四川省城镇供水排水协会向城镇供排水企业发放并部分回收了"供水企业2011—2020年经营财务状况调查表"等调查材料。

3.1.3 分析方法

本次调研分析方法主要采取定量分析和定性分析相结合的办法。定量分析主要依据省内"供水企业2011—2020年经营财务状况调查表"、《中国统计年鉴》、《四川省统计年鉴》、四川省内各地级市统计年鉴、中国水网及发展改革委颁布的调价文件等,用统计分析软件做量化分析。本次调研回收财务状况表27份,其中有效样本数为24份,占比88.89%;有效样本中含地级市供水企业7个、县级市供水企业17个。定性分析是对深度访谈情况做归类总结,关注真实存在的现象,了解供水企业目前面临的挑战与困难,找出存在的问题。

3.2　供水企业经营状况分析

3.2.1　近年来供水企业自身财务情况分析

供水企业的总收入主要来源于水费收入及非水费收入，从图 3-1 中可以看到 2011~2020 年供水企业水费收入占总收入的 52%~58%，非水费收入占总收入的 42%~48%。

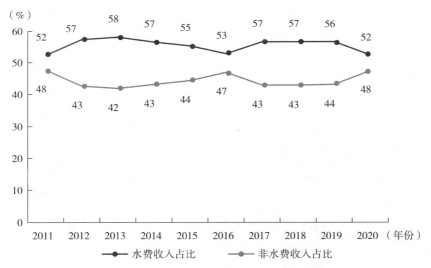

图 3-1　供水企业 2011~2020 年水费收入及非水费收入占总收入情况

资料来源：本章图中的数据均来自样本企业的加权平均，笔者整理，下同。

由图 3-2 可以看到 2011~2020 年总成本、制水和售水成本、管网建设改造成本及管网维修成本都呈现不断上升的趋势。

如图 3-3 所示，居民生活用水量不断增加，生活用水水价长期以来增幅很小，特别是 2013~2020 年只增加了 0.19 元/立方米。

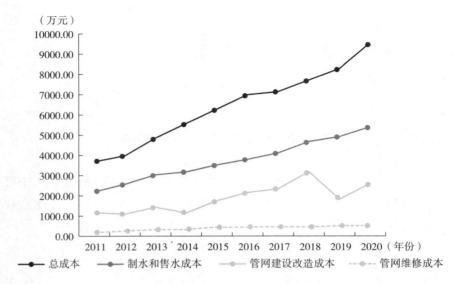

图 3-2 供水企业 2011~2020 年成本变化情况

资料来源：笔者整理。

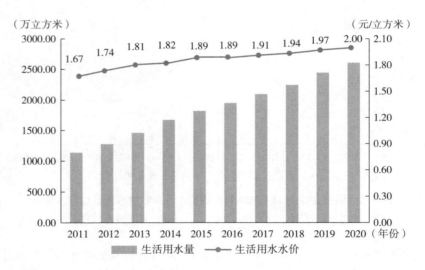

图 3-3 2011~2020 年居民生活用水量和生活用水水价变化情况

资料来源：笔者整理。

如图3-4所示，总利润与工程利润变化趋势基本同步。在成本不断上升的情况下，由于自来水的商品属性一直被极度弱化，导致水价调价长期被各种因素困扰，水价难以覆盖成本，供水企业的供水经营业务长期处于亏损的状态。2017~2020年省内三、四线城市城镇化率增速达到一定水平，各公司新户工程安装业务已基本稳定。在调研的过程中发现，维持企业生存和供水厂网设施改造的主要资金来源是管网建设配套费（属本次清理的价外收费）所产生的稳定现金流，也是用于弥补供水企业供水业务亏损和获取金融机构贷款的基础。如图3-5所示，供水企业工程利润是总利润的1.3~3.16倍。

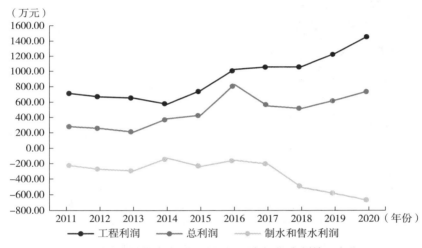

图3-4　供水企业2011~2020年利润变化情况

资料来源：笔者整理。

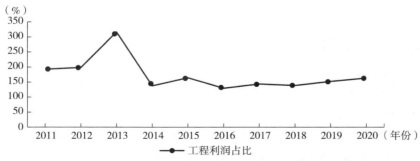

图3-5　供水企业2011~2020年工程利润占总利润比值的变化情况

资料来源：笔者整理。

3.2.2 近年来政府补贴情况分析

从图 3-6 中可知，2011~2020 年政府在管网建设改造上面的投入非常少，并且总体呈现下降的趋势。特别是当国家对地方融资平台制定了负债上限控制后，地方政府对供水管网投入一直呈现显著下降趋势。

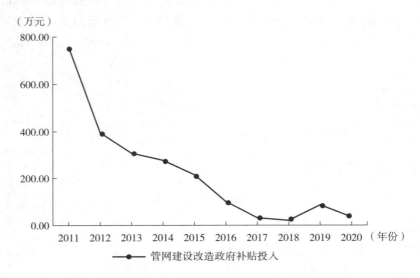

图 3-6 2011~2020 年管网建设改造政府补贴投入情况

资料来源：笔者整理。

3.2.3 供水能力的影响

从 27 家供水企业上交的财务状况经营表中可知，2020 年累计供水能力为 320.99 万立方米/日。如图 3-7 所示，供水规模在 3 万吨以下、3 万吨至 10 万吨、10 万吨以上至 30 万吨的供水企业，其现行水价均无法实现供水业务完全成本覆盖。企业生存只能靠辅业（工程业务）补主业（供水业务）来支撑。

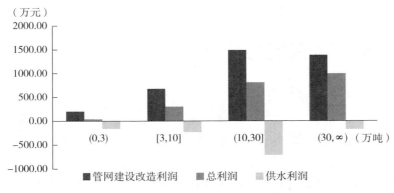

图 3-7　供水能力对利润的影响情况

资料来源：笔者整理。

3.2.4　供水人口的影响

如图 3-8 所示，供水人口在 30 万人以下和 30 万~100 万人的供水企业，企业总利润的增加大部分都随水量与城镇化进程的变化而变化。城镇化进程快时，房地产业景气度高，新增用户多，工程利润增幅较大，供水企业的经营状况也随之好转。

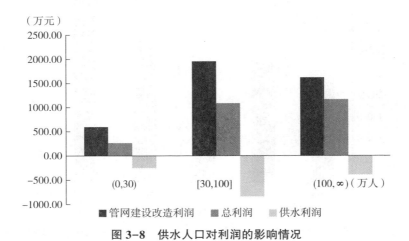

图 3-8　供水人口对利润的影响情况

资料来源：笔者整理。

3.3 居民承受能力分析

3.3.1 人民生活水平改善情况

如图 3-9 所示，四川省 2015~2019 年城镇居民人均可支配收入逐年递增，城镇居民恩格尔系数基本在 35% 以下。如图 3-10 至图 3-13 所示，成都等地级市中 2019 年人均可支配收入最低值为广元 33481 元/年。如图 3-14 至图 3-17 所示，除巴中 1 市 2017~2019 年城镇居民恩格尔系数连续三年略高于 40% 以外，其余都在 40% 以下（以上数据均来源于《四川省统计年鉴》及各地级市统计年鉴）。居民家庭收入和生活消费水平得到提高，属于联合国确定的由小康向相对富裕过渡阶段。

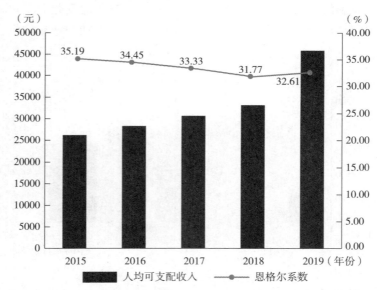

图 3-9　四川省 2015~2019 年城镇居民人均可支配收入及恩格尔系数情况
资料来源：笔者整理。

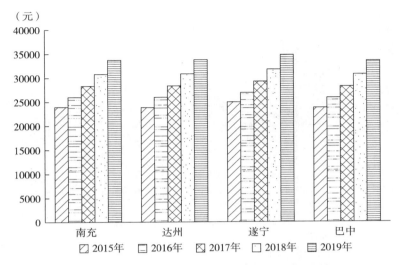

图3-10　川东地区2015～2019年人均可支配收入情况

资料来源：笔者整理。

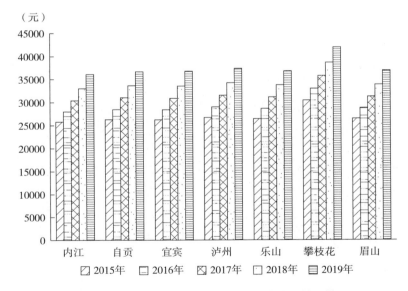

图3-11　川南地区2015～2019年人均可支配收入情况

资料来源：笔者整理。

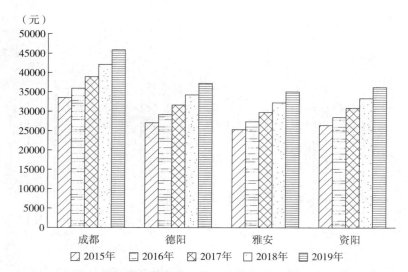

图 3-12   川西地区 2015~2019 年人均可支配收入情况

资料来源：笔者整理。

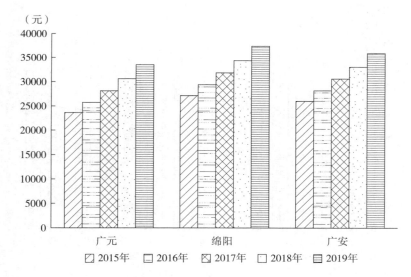

图 3-13   川北地区 2015~2019 年人均可支配收入情况

资料来源：笔者整理。

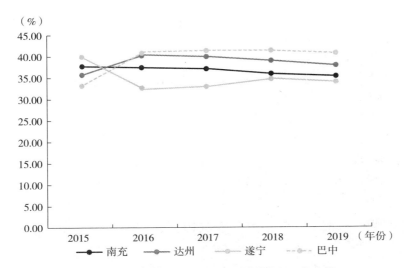

图 3-14 川东地区 2015~2019 年恩格尔系数走势

资料来源：笔者整理。

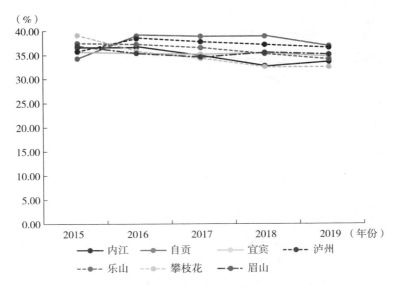

图 3-15 川南地区 2015~2019 年恩格尔系数走势

资料来源：笔者整理。

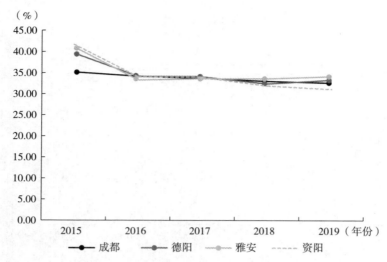

图 3-16　川西地区 2015~2019 年恩格尔系数走势

资料来源：笔者整理。

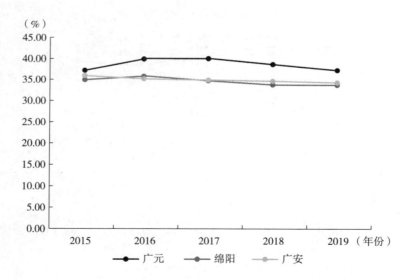

图 3-17　川北地区 2015~2019 年恩格尔系数走势

资料来源：笔者整理。

3.3.2 公用事业间的对比分析

水、电和燃气属于城市三大公用事业，也是人民每天必不可少的消耗品。由图 3-18 可以看到四川省 2015～2019 年人均电费支出占人均可支配收入的比值均在 2% 左右；由图 3-19 至图 3-23 可以看到成都市、自贡市、绵阳市、内江市以及资阳市 5 个地级市 2015～2019 年人均电费和人均燃气费用占人均可支配收入的比重远高于人均水费占人均可支配收入的比重。图 3-24 至图 3-35 为泸州市、德阳市、广元市、遂宁市、乐山市、南充市、眉山市、宜宾市、广安市、达州市、雅安市和巴中市 12 个地级市 2015～2019 年人均水费及燃气费用占人均可支配收入的情况（数据来源于四川省统计局、成都及各地级市统计局、成都及各地级市发展改革委网站颁布的调价文件等）。除攀枝花市相应年份数据缺失无法做对比外，成都等各地级市人均燃气支出费用高于水费支出。这从侧面说明居民对公用事业的费用具有一定的承担能力，和燃气费用以及电费支出相比，水价在一定程度上还具有上调的空间。

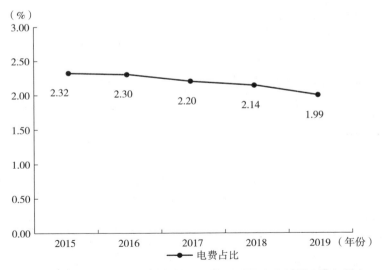

图 3-18　2015～2019 年四川省人均电费支出占人均可支配收入情况

资料来源：笔者整理。

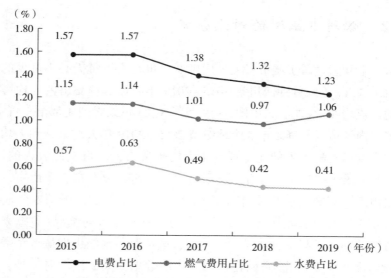

图 3-19   2015~2019 年成都市人均水、电及燃气费用占人均可支配收入情况
资料来源：笔者整理。

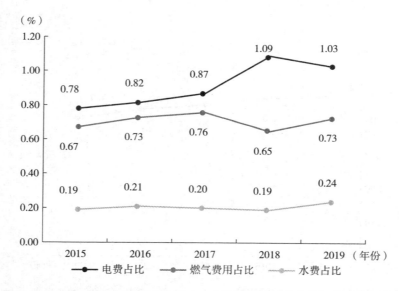

图 3-20   2015~2019 年自贡市人均水、电及燃气费用占人均可支配收入情况
资料来源：笔者整理。

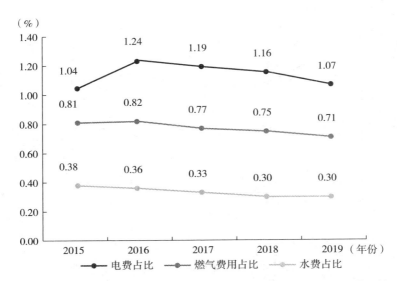

图 3-21　2015～2019 年绵阳市人均水、电及燃气费用占人均可支配收入情况

资料来源：笔者整理。

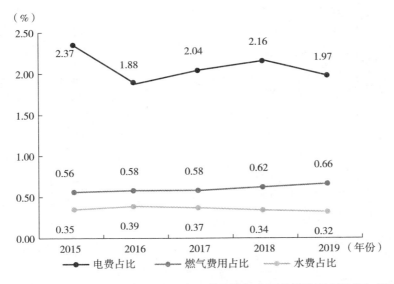

图 3-22　2015～2019 年内江市人均水、电及燃气费用占人均可支配收入情况

资料来源：笔者整理。

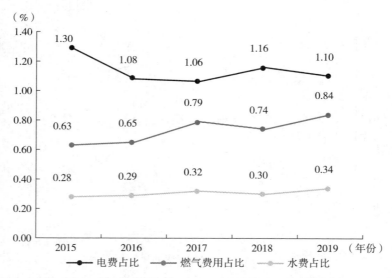

图 3-23   2015～2019 年资阳市人均水、电及燃气费用占人均可支配收入情况
资料来源：笔者整理。

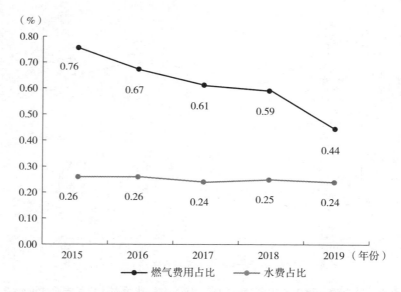

图 3-24   2015～2019 年泸州市人均水费及燃气费用占人均可支配收入情况
资料来源：笔者整理。

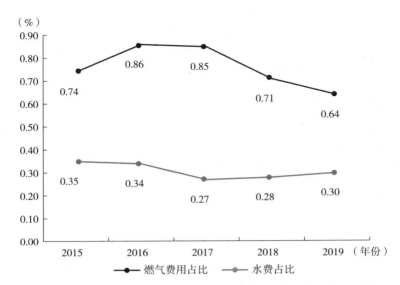

图 3-25 2015～2019 年德阳市人均水费及燃气费用占人均可支配收入情况
资料来源：笔者整理。

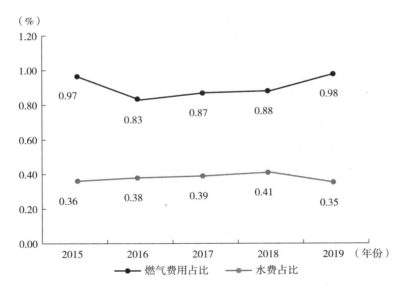

图 3-26 2015～2019 年广元市人均水费及燃气费用占人均可支配收入情况
资料来源：笔者整理。

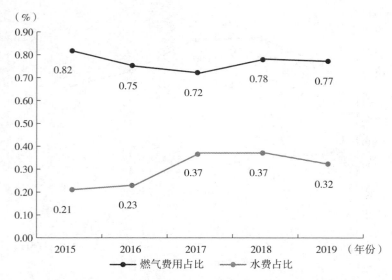

图 3-27　2015~2019 年遂宁市人均水费及燃气费用占人均可支配收入情况
资料来源：笔者整理。

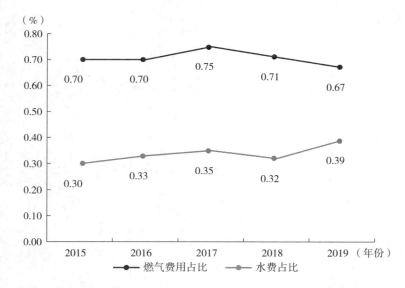

图 3-28　2015~2019 年乐山市人均水费及燃气费用占人均可支配收入情况
资料来源：笔者整理。

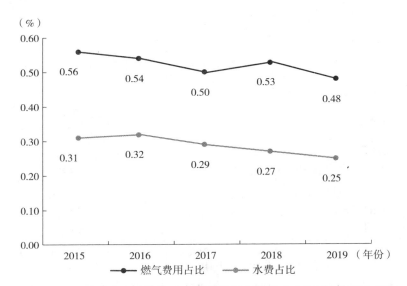

图 3-29 2015~2019 年南充市人均水费及燃气费用占人均可支配收入情况
资料来源：笔者整理。

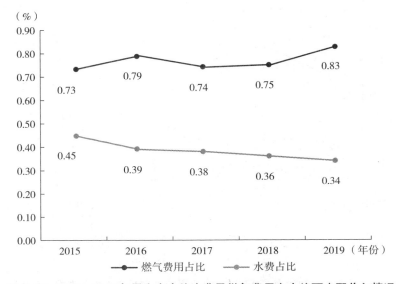

图 3-30 2015~2019 年眉山市人均水费及燃气费用占人均可支配收入情况
资料来源：笔者整理。

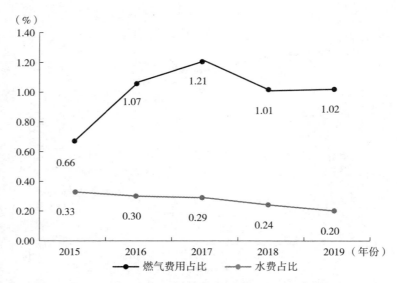

图 3-31　2015~2019 年宜宾市人均水费及燃气费用占人均可支配收入情况
资料来源：笔者整理。

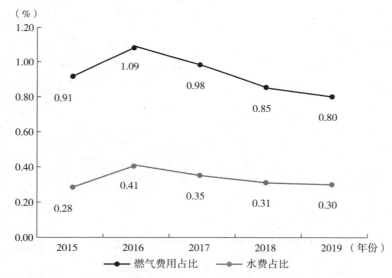

图 3-32　2015~2019 年广安市人均水费及燃气费用占人均可支配收入情况
资料来源：笔者整理。

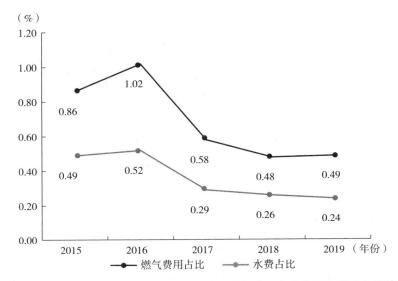

图 3-33　2015~2019 年达州市人均水费及燃气费用占人均可支配收入情况
资料来源：笔者整理。

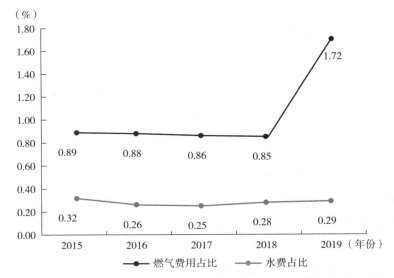

图 3-34　2015~2019 年雅安市人均水费及燃气费用占人均可支配收入情况
资料来源：笔者整理。

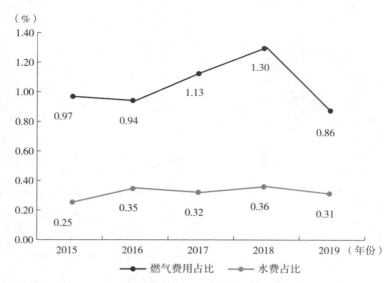

图 3-35 2015～2019 年巴中市人均水费及燃气费用占人均可支配收入情况
资料来源：笔者整理。

3.4 供水机制运行中存在的主要问题

供水行业的历史发展水平与各地城镇化、工业化和地方经济发展水平基本呈正相关关系，但随着党和国家对人民群众健康生命保障要求的日益提高，城镇供水行业的产品标准也不断提高，极大地确保了城镇公共供水的安全性，真正让人民群众用上了放心水、健康水。然而全国、全省区域经济发展不平衡问题是制约供水行业健康可持续发展的主要问题。笔者通过调研发现，清费顺价工作对成都市主城区的供水企业影响较小，其他城市供水企业受当地经济发展水平与财政收入状况限制，要理顺价费关系在短期内存在较大难度。

3.4.1 政府投资的长期缺位

由于区域经济发展不平衡，除成都市主城区外，全省各地用于市政公用设施配套建设的资金存在长期不到位的问题。为达到对供水安全保障的强制要求和满足城镇化发展的需要，国家多次要求停止向用户收取价外费用，但有些地方的供水企业没有严格执行。

3.4.2 供水行业改革明显滞后于其他公用行业

供水行业的事权长期在各市(州)和县(市、区)，受各地经济社会发展水平限制，省内 21 个市(州)、183 个县(市、区)从水价到价外收费均根据各地区域经济发展水平自行制定，定价机制五花八门。与同是公用事业的电信、电力和供气行业相比，电力、电信靠国家以业养业基金政策和政府投入已步入自身良性循环的时候，供水行业改革才开始起步(标志性政策是 2002 年 12 月 27 日建设部出台的《关于加快市政公用行业市场化进程的意见》)。由于改革起步较晚，政府事权、财权的长期不协调和投资的长期缺位，发展明显滞后，加上产业集中度差、抗风险能力弱，如按产业经济学的定位，中国供水行业仍处于幼稚期，没有国家政策和资金的支持，目前国内绝大多数供水企业均面临巨大的经营压力或长期处于亏损的状态(珠三角、长三角沿海经济发达地区和大型以上城市的供水企业除外)。

3.4.3 水价、成本长期倒挂形成的价格扭曲

如前所述，供水行业市场化改革明显滞后于电力、通信行业。燃气行业虽终端价格定价事权在地方政府，但因上游供气价格属于中央事权，因此各地在供气价格管理机制上也已形成了价格的顺调机制，地方政府不需考虑社会承受能力和稳定风险的需要。然而，供水的全部事权在地方，水资源又是不可替代的生命必需品，水价从中华人民共和国成立以来长期作为一项福利性公益事业由国家财政补贴，随着社会的发展，国家越发重视水的资源属性和水资源的稀缺问题，但水价改革并未根据其稀缺资源属性制定相应的市场化改革机制，仍沿用原本的财政补贴方式运行。现在供水企业的进口端(成本)已完全市场化，过去对供水行业唯一的优惠政策即公

用事业优惠电价早已随电力市场化改革变为一纸空文，进口端完全市场化，出口端(水价)却严格按地方定价目录实行政府定价。政府定价原则中虽有成本加准许收益率的规定，但政府在定价时又因担心社会承受能力不足而无法按成本加准许收益率定价，因此无法改变供水企业的水价成本长期倒挂的价格扭曲现状。通过交流访谈和对收到的经营状况调查表进行统计分析，可知90%以上的供水企业纯供水业务均处于亏损状态，在2021年3月1日前供水企业均以辅业(安装工程收入)维持主业(供水)。因此，如何从多维度多层次理顺供水价格机制，是执行落实好《关于清理规范城镇供水供电供气供暖行业收费促进行业高质量发展的意见》的核心问题。

3.4.4　计量表具成本负担难以承受

近年来，随着智慧城市建设的推进，智慧水务作为智慧城市建设的重要组成部分在大力建设中，智能水表使用量也在大幅度增长。根据统计年鉴分析，四川省户表用户一个计量周期(6年强制更换)内平均用水量不足1000立方米，如果按照每只智能水表成本加人工费用为350~450元计算，每立方米水计量成本高达0.35~0.45元。然而据查全省现行最高供水价格为2.30元/立方米，最低供水价格不足1.0元/立方米(生活用水第一阶梯基本水价，不包含污水处理费)。可以说如果大量推广智能水表，则计量表具成本将成为城镇供水企业难以承受的负担。

3.4.5　长期忽视水的商品属性，不利于提高全社会的节水意识

水是一种稀缺的自然资源，自来水是一种商品，中国长期过度强调自来水的公益属性，而忽略了其商品属性，导致民众的节水意识淡薄。虽然国家大力宣传节约用水，实行了阶梯水价，但在水价政策上实行的公共福利性监管机制，使水的商品属性被极度弱化，实际收效甚微。只有让水的商品属性回归市场，才能唤醒全民的节水意识。

3.5 初步的对策及建议

3.5.1 进一步厘清政府、用户和供水企业的权责关系

　　水资源是关系国计民生的重要性战略资源，各级政府是公共服务的最终责任主体，对于建筑区划红线外发生的费用，要明确界定供水企业和政府承担的责任，以公共供水管网的边界点为限，公共供水管网到建筑红线所产生的具体费用由政府和供水企业共同承担。在清费项目当中，明确可保留的收费项目是在供水供电供热企业设施产权分界点以后至用水用电用气用热器具前，为满足用户个性化需求所提供的延伸服务等，应明确服务项目、服务内容，允许收取合理费用，实行明码标价。区别于基础服务，延伸服务采用市场化方式收费，应尽快确定延伸服务收费项目和具体的收费细则。

3.5.2 合理设置过渡期、调价周期和调价幅度

　　执行政策需要一定的过渡期，用于充分地解决历史遗留问题，并且在此过渡期内政府的补贴投入要到位，为建立科学的价格机制给予一定的时间和空间。不同地区供水价格要随着经济社会发展水平、水资源供求关系、水资源供给成本等主要因素进行相应的变动，并且要制定规范性的政策文件明确规定供水价格的合理调整周期，如1~2年。根据供水的社会平均成本、居民可承受能力及供求状态，文件应明确合理的供水成本与调价幅度，应按照供水成本加上6%~8%的准许收益来设定调价幅度。

3.5.3 计量表具的更换问题

　　按照计量法的规定，机械表6年更换周期的合理性值得重新论证，应

从资源节约的角度，争取国家同意对计量表具实行国家强制检测制度，对不合格表具进行更换。

3.5.4 加强宣传导向，转变公众思想观念

节约用水是中国的一项基本国策，在水价调整方面，政府应做好政策宣传和舆论导向相关工作，营造良好的社会氛围，争取各方的理解和支持。第一，要唤醒居民节水的意识，引导全社会意识到节水的重要性，打破水资源是纯公益性的、低价的一种观念，凸显水的商品属性，引导全社会意识到节水的重要性。第二，要加强宣传工作，向用户宣传"谁受益，谁付费"的原则，让民众充分了解供水服务的基本情况，如水价应与水质、供水服务以及社会环保责任相挂钩，让公用事业在满足行业可持续发展的前提下，更好地发挥公益性作用。

四川省城镇供水定价机制
现状及问题分析

笔者于 2022 年 3 月~7 月，对四个市、县的自来水公司展开了实地调研，调研对象包括德阳市自来水公司、四川川投水务集团中江供排水有限公司、安岳县柠都自来水有限责任公司及广元市供排水（集团）有限公司。调研中综合运用小组座谈法、深度访谈法，以及书面调查法获取相关材料。

此次调研的样本企业包含了市、县两级供水企业，其中德阳市自来水公司和广元市供排水（集团）有限公司是市级公司，四川川投水务集团中江供排水有限公司和安岳县柠都自来水有限责任公司是县级公司。同时，样本企业来自不同区位，这些市、县背后的区位条件各异，如德阳市在成德眉资同城化综合试验区内；广元市处在川东北经济区内；安岳县和中江县是四川省人口大县，前者位于成渝经济区腹心和成都、重庆的直线中点，后者位于四川省中部。因此，选取的样本具有一定代表性，能在一定程度上反映四川省供水企业的总体状况。

本章将前期收集到的关于四川省各市（州）城市水价相关资料，与实地调研获取的材料相结合，对四川省城镇供水定价机制的总体现状、收益现状、成本现状，以及现行定价机制存在的问题及其原因进行了分析。

4.1　定价机制的总体现状

本部分分析定价机制的总体现状，包括现行的水价形成机制、定价权属，以及在价格总体水平、分类水价与阶梯水价、供水企业经营利润等方面的现状。

4.1.1 水价现状

供水企业的水价定价均通过成本监审和听证会，按照成本加准许收益的成本加成法制定供水价格。其中，成本监审主要包括主营业务成本（动力费、材料费、人工费、修理费、原水费、其他运营费用、固定资产折旧）、安装业务成本、其他业务成本、税金及附加、管理费用等。准许收益率通常在 5%～8%，如德阳市的准许收益率为 6%，安岳县的准许收益率约为 6.15%，广元市的准许收益率为 5.67%。

水价定价时相关党政部门之间的分工较为清晰。其中由市/县政府统筹管理，发展改革委主管成本监审，住房城乡建设局作为主要参与者，党委宣传部门主管社会舆论引导，多数地方由党委政法委组织进行社会稳定风险评估，司法局负责收集群众意见、分析投诉情况等。

四川省 21 个市（州）的居民生活用水价格、非居民用水价格、特种行业用水价格、非居民用水超定额加价制度情况及阶梯水价执行年份等基本信息，如表 4-1 所示。

表 4-1 四川省 21 个市（州）城市供水价格汇总

序号	城市	居民生活用水价格（元/吨）				非居民用水价格（元/吨）	特种行业用水价格（元/吨）		非居民用水超定额加价制度	阶梯水价执行年份
		阶梯水价			合表用户水价		一般行业	洗车、洗浴行业		
		第一阶梯	第二阶梯	第三阶梯						
1	成都市	2.08	2.95	5.56	2.08	3.03	5.73	6.73, 10.63	有	2016
2	绵阳市	2.01	2.97	5.83	2.30	2.35	4.80	6.70	有	2017
3	德阳市	1.80	2.70	3.60	2.05	2.55	5.00	6.00	有	2013
4	广元市	1.91	2.81	5.51	2.27	2.89	5.06	6.06	有	2014

序号	城市	居民生活用水价格（元/吨）				非居民用水价格（元/吨）	特种行业用水价格（元/吨）		非居民用水超定额加价制度	阶梯水价执行年份
		阶梯水价			合表用户水价		一般行业	洗车、洗浴行业		
		第一阶梯	第二阶梯	第三阶梯						
5	遂宁市	1.88	2.81	5.63	1.98	2.63（大工业2.17）	4.43	4.43	有	2015，第二步2017
6	眉山市	2.05	3.08	4.10	2.10	3.00	5.05	8.25	有	2010
7	雅安市	1.50	2.25	4.50	1.65	2.10	4.06	4.06	有	2015
8	达州市	1.92	2.84	5.60	2.29	2.78	4.38	4.38	无	2016
9	乐山市	2.00	3.00	6.00	2.30	2.70	5.40	5.40	无	2015
10	泸州市	1.94	2.86	5.64	2.04	2.39（临时3.59）	4.84	4.84	无	2016
11	资阳市	2.11	3.17	6.33	2.30	2.70	3.20	5.50	有	2016
12	南充市	1.87	2.81	5.61	2.15	2.08（生产），2.78（商业）	5.09	—	有	2016
13	广安市	2.15	3.23	6.45	2.47	3.25	4.80	4.80	有	2016
14	内江市	2.24	3.36	6.72	2.58	2.50	5.89	5.89	有	2017
15	自贡市	2.19	3.29	6.57	2.63	2.58	6.31	6.31	有	2016
16	宜宾市	2.05	3.07	6.15	2.35	2.30	4.10	4.10	有	2016
17	巴中市	2.19	3.24	6.41	2.51	2.81	4.66	4.96	有	2016
18	攀枝花市	1.76	2.64	5.28	1.76	2.40~2.90	5.00	—	有	2016
19	凉山州	2.10	3.15	6.30	2.63	2.95	5.50	6.50	有	2016
20	甘孜州	1.10	1.40	1.80	1.20	1.95	3.30	3.30	无	2017
21	阿坝州	0.85	1.28	2.55	1.00	1.15	1.30	1.30	无	2012

说明：水价仅指供水价格（含平移在价内的水资源税），不含代征的污水处理费等其他代收费用。

资料来源：笔者整理。

由表4-1可知，四川省辖21个市（州）的水价分为居民生活用水价格、非居民用水价格、特种行业用水价格三大类；各地在2012~2017年逐步执行了阶梯水价，阶梯水价的建立对节约用水有一定的意义，但由于在居民生活用水阶梯水价政策的设计中，一阶水量是按用水量最多的80%用户年用水量除以12个月得到，只有约20%的用户需要支付超过一阶水量的加价，阶梯水价的建立对改善供水企业经营现状的作用有限；16个市（州）已经建立了非居民用水超定额累计加价制度，仅达州、乐山、泸州、甘孜、阿坝5个地区还未建立非居民用水超定额加价制度。

此外，遂宁、泸州、南充、攀枝花4个地区对非居民用水价格做了进一步的分类并实行不同的水价政策，成都对洗车、洗浴行业的水价做了进一步细分并实行不同的水价政策。

四川省各类水价的描述性统计分析结果如表4-2所示。在全省范围内，特种洗车洗浴行业（标准差1.60）、第三阶梯居民生活用水（标准差1.32）、特种一般行业（标准差1.08）三类水价的差异较大，其余类别的水价，特别是第一阶梯的居民生活用水价格（标准差0.35）与合表用户水价（标准差0.43）在全省范围内的差异相对较小。

表4-2　四川省各类水价的描述性统计分析结果

水价分类			均值 （元/吨）	极小值 （元/吨）	极大值 （元/吨）	标准差
居民生活 用水	阶梯 水价	第一阶梯	1.89	0.85	2.24	0.35
		第二阶梯	2.81	1.28	3.36	0.55
		第三阶梯	5.34	1.80	6.72	1.32
	合表用户水价		2.13	1.00	2.63	0.43
非居民用水			2.56	1.15	3.25	0.46
特种行业用水价格	一般行业		4.66	1.30	6.31	1.08
	洗车、洗浴行业		5.31	1.30	8.68	1.60

资料来源：笔者整理。

此外，居民生活用水三级阶梯水价的级差比例为 1.89 : 2.81 : 5.34 =

1：1.487：2.825。根据《城镇供水价格管理办法》中"居民生活用水阶梯水价设置应不少于三级，级差按不低于1：1.5：3的比例安排"的规定，居民生活用水阶梯水价级差还有进一步调整的空间，以促进节约用水。

4.1.2　企业实现利润情况

四个企业在水厂设计供水能力、服务人口数量、年售水量、水价、企业规模等方面均存在差异，这使每个企业在样本企业中的重要性存在差异。为了科学评价多个企业的综合利润情况，需考虑这些企业的重要性差异，通过单个企业在样本企业中的权重来衡量该企业的重要性。

首先，通过企业的设计供水能力、供水人口、年售水量、平均售水单价及公司规模等指标数据，计算这些指标的权重。其次，基于这些指标的权重，以及企业在每个指标上的得分在样本企业中的占比，计算每个企业在样本企业中的权重。最后，结合每个企业的权重和企业的利润情况计算出四个企业的加权利润，从而实现对供水企业利润情况的综合评估。

4.1.2.1　指标权重的确定

研究收集了德阳市自来水公司、四川川投水务集团中江供排水有限公司、安岳县柠都自来水有限责任公司和广元市供排水（集团）有限公司的设计供水能力（万吨/天）、供水人口（万人）、年售水量（万吨）、平均售水单价（元/吨）、公司规模（人）等指标，通常而言，这些指标对企业的重要性有正向影响。

在指标权重的确定中熵权法运用较多，基本思路是根据指标变异性的大小来确定客观权重，使用的数据是决策矩阵，确定的属性权重反映了属性值的离散程度。一般来说，若某个指标的信息熵越小，则表明该指标值的变异程度越大，提供的信息量越多，在综合评价中起到的作用也越大，其权重也就越大；反之亦然。熵权法相对主观赋值法精度较高，能更好地解释得到的结果；熵权法还可用于任何需要确定权重的过程，也可以结合一些方法共同使用。

因此，本书通过熵权法确定各评价指标的权重(李蕾，2022)，计算步骤如下。

(1)数据标准化。为了消除原始数据量纲的影响，需要对供水企业各个指标的数据进行标准化处理。

在本书构建的指标体系中，指标全部为正向。对于正向指标，熵权法中数据标准化的方法为，假设给定了 k 个指标 X_1，X_2，$\cdots$，X_k，若收集到的企业样本量为 n，则其中 $X_j = \{x_{1j}, x_{2j}, \cdots, x_{nj}\}(j=1, 2, \cdots, k)$。假设对各指标数据标准化后的值为 Y_1，Y_2，$\cdots$，Y_k，那么：

$$Y_{ij} = \frac{X_{ij} - \min(X_j)}{\max(X_j) - \min(X_j)} \tag{4-1}$$

其中：$i=1, 2, \cdots, n$；$j=1, 2, \cdots, k$；Y_{ij} 为 i 企业 j 指标标准化处理后的指标值；X_{ij} 为 i 企业 j 指标的原始值；$\min(X_j)$ 为所有企业 j 指标原始值的最小值；$\max(X_j)$ 为所有企业 j 指标原始值的最大值。根据式(4-1)进行计算，得出数据标准化的处理结果如表4-3所示。

表4-3 评价指标标准化结果

企业名称	设计供水能力	供水人口	年售水量	平均售水单价	公司规模
德阳市自来水公司	0.73	1.00	1.00	0.30	1.00
四川川投水务集团中江供排水有限公司	0.00	0.00	0.00	0.00	0.00
安岳县柠都自来水有限责任公司	0.09	0.42	0.14	1.00	0.36
广元市供排水(集团)有限公司	1.00	0.68	0.61	0.29	0.56

资料来源：笔者整理。

(2)求各指标的信息熵。根据信息论中信息熵的定义，一组数据的信息熵：

$$E_j = -1/\ln(n) \sum_{i=1}^{n} p_{ij} \ln(p_{ij}) \tag{4-2}$$

其中：E_j 为指标 j 的信息熵；n 为企业样本数量；$p_{ij} = \dfrac{Y_{ij}}{\sum\limits_{i=1}^{n} Y_{ij}}$ （$i = 1$，

2，$\cdots$，n；$j = 1$，2，$\cdots$，k），若 $p_{ij} = 0$，则定义 $\lim\limits_{p_{ij} \to 0} p_{ij} \ln (p_{ij}) = 0$。

根据信息熵的计算公式，计算出各个指标的信息熵为 E_1，E_2，$\cdots$，E_k。根据式（4-2）进行计算，得出各指标的信息熵计算结果，如表4-4所示。

表4-4 各指标的信息熵计算结果

指标	设计供水能力	供水人口	年售水量	平均售水单价	公司规模
信息熵	0.6086	0.7509	0.6419	0.6589	0.7316

资料来源：笔者整理。

（3）确定各指标权重。通过信息熵计算各指标的权重：

$$W_j = \frac{1 - E_j}{\sum\limits_{j=1}^{k} (1 - E_j)} \quad (j = 1,\ 2,\ \cdots,\ k) \qquad (4-3)$$

根据式（4-3）进行计算，得出各指标的权重计算结果，如表4-5所示。

表4-5 各指标的权重计算结果

指标	设计供水能力	供水人口	年售水量	平均售水单价	公司规模
权重	0.2434	0.1549	0.2227	0.2121	0.1669

资料来源：笔者整理。

4.1.2.2 企业权重的确定

基于表4-5所示的指标权重，以及企业在每个指标上的得分在样本企业中的占比（见表4-6），加权计算得出每个企业的权重（见表4-7）。

表 4-6　企业指标得分占比

单位：%

指标	设计供水能力	供水人口	年售水量	平均售水单价	公司规模
德阳市自来水公司	35.60	35.24	44.63	23.59	36.36
四川川投水务集团中江供排水有限公司	7.49	13.61	9.72	19.42	14.48
安岳县柠都自来水有限责任公司	10.94	22.73	14.64	33.51	22.45
广元市供排水(集团)有限公司	45.97	28.42	31.01	23.48	26.71

资料来源：笔者整理。

表 4-7　企业权重计算结果

企业名称	权重
德阳市自来水公司	35.60%×0.2434+35.24%×0.1549+44.63%×0.2227+23.59%×0.2121+36.36%×0.1669＝35.13%
四川川投水务集团中江供排水有限公司	7.49%×0.2434+13.61%×0.1549+9.72%×0.2227+19.42%×0.2121+14.48%×0.1669＝12.63%
安岳县柠都自来水有限责任公司	10.94%×0.2434+22.73%×0.1549+14.64%×0.2227+33.51%×0.2121+22.45%×0.1669＝20.30%
广元市供排水(集团)有限公司	45.97%×0.2434+28.42%×0.1549+31.01%×0.2227+23.48%×0.2121+26.71%×0.1669＝31.94%

资料来源：笔者整理。

3. 样本企业利润情况的整体评估

本研究收集了所调研的四家企业 2019~2021 年的主营业务收入、成本数据，并据此计算了每家企业的主营业务利润。根据前文计算得出的企业权重，结合各企业 2019~2021 年的利润情况计算得出四家供水企业的主营业务加权利润，计算结果如表 4-8 所示。

表 4-8　四个供水企业 2019~2021 年的主营业务加权利润

年份	2019	2020	2021
利润(万元)	−1542.78	−1974.55	−2204.51

资料来源:笔者整理。

从表 4-8 可以看出,样本企业 2019~2021 年的主营业务加权利润均为负值,即从整体来看,供水企业主营业务处于亏损状态,并且没有明显的改善迹象。

4.1.3　本章小结

水务为公共事业,受国家管控调整,国家规定供水企业保本微利,以及准许收益率的计算方式,企业还需要承担供水相关的社会责任。从完全成本制定水费的角度来看,水费应该是一个集建设、开发、生产、利用、保护于一体的概念,应包括资源成本、工程成本和环境成本三个部分。但目前,四川省多数城市制定供水价格主要包含原水价格和运营维护等费用,不能完全有效反映供水运营成本。此外,为了扶持产业发展,保持经济增长速度,保障居民用水需求,供水价格长期稳定在较低水平未做调整。前期研究统计,长期以来的低供水价格造成四川省超过一半的供水企业都在亏损经营,成本补偿不足,财政投入乏力,严重制约了供水企业行业发展。

4.2 节和 4.3 节将从收益和成本的角度分别分析这些企业的收益现状和成本现状是如何影响企业经营利润的,并进一步剖析这些影响背后的问题以及原因。

4.2　城镇供水企业收益的主要影响因素

本部分探讨在现行的定价机制下,水价调整、政府投资、"清费"措施、政府欠款、优惠措施、水费回收情况等来自外部环境的因素如何影响企业收益。

4.2.1　水价调整

四川省暂未执行 2021 年《城镇供水价格管理办法》规定的 3 年水价调整周期，而是根据当地经济社会发展、人民生活水平提高、居民生活用水变化等实际情况，做出是否调整供水价格的判断。水价调整程序烦琐，如图 4-1 所示。

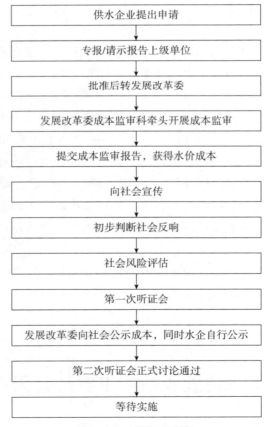

图 4-1　水价调整程序

资料来源：笔者整理。

　　动态调整机制+听证制度是科学合理的水价调整制度，但从四川省各地的具体实行情况来看，实施效果不佳。一是从各地水价反馈情况可知水价普遍在很长周期为未作调整，明显未体现社会经济发展情况等因素，从表4-9可以看出，四川省各地区的水价调整周期均超过3年；二是水价调价的听证过程受社会舆论、社会事件影响大，社会舆论引导和风险评估是难点，也在一定程度上阻碍了现行水价正常调节。

表4-9　四川省(18个城市)上一次调整水价的时间

城市	上一次调整水价的时间	城市	上一次调整水价的时间
成都市	2016 年	广安市	2015 年
泸州市	2016 年	雅安市	2014 年
广元市	2014 年	巴中市	2016 年
遂宁市	2017 年	内江市	2017 年
南充市	2015 年	乐山市	2016 年
宜宾市	2016 年	资阳市	2016 年
达州市	2019 年	自贡市	2019 年
攀枝花市	2017 年	德阳市	2013 年
眉山市	2013 年	绵阳市	2018 年

　　资料来源：笔者整理。

　　在本次调研进行的同时，德阳市正在对2013年制定的自来水水价进行调整，但受各方因素影响，水价调整还未完成，依然维持着2013年的水价。中江县现行自来水价格是2012年政府通过成本监审和听证制定的，城区供水最近一次水价调整是在2012年。虽然安岳县2018年下半年开始启动调水价，2019年开始正式实行，但仍然超过了《城镇供水价格管理办法》中规定的3年一调的周期。水价调整周期过长，水价调整不到位，使水价不能对成本的变动做出及时的反应，极大地影响了供水企业的收益。

4.2.2　政府投资

《四川省城市供水管理条例》第六条规定："地方各级人民政府应当将城市供水纳入国民经济和社会发展规划，建立和完善政府责任制，统筹安排专项资金，推动实施城乡区域供水及区域供水配套管网等基础设施建设。"第四十四条规定："市政公共消防用水设施建设和维护管理资金由当地人民政府承担，并由供水单位负责实施。"但近年来，多个地方政府面对种种制约因素，对供水行业的投资力度逐渐减弱，且不能做到及时足额到账，对供水企业的收入造成了影响。供水企业只能通过投资和等待政府少量补贴，保证供水事业的基本运转。当前老旧小区改造的实施难度很大，政策规定企业承担部分费用，并计入水价，另一部分应由政府承担，不计入水价。但在实践中，很多地方并未参照执行。例如，某市主城区的新建市政配套管网，政府和企业按照 4∶6 的比例出资，企业部分主要通过贷款筹措，政府投资的部分到账时间也很长。此外，在 2005 年之前的老旧小区改造中，部分小区管网改造用的是老旧小区改造的政府专项投入（政府支出一部分、企业自筹一部分）。在这之后少有政府投入，仅有政府债券筹资，起到延后还款的作用。

4.2.3　"清费"措施

"清费"措施的出台和实施极大限制了企业的安装等收费项目，导致其收入大幅下降。在国家层面，随着《关于清理规范城镇供水供电供气供暖行业收费促进行业高质量发展的意见》（国办函〔2020〕129 号）的出台，供水企业收费范围大幅减少，导致供水企业安装工程收入大幅减少，寻找新的降本增效措施难度加大，企业的健康持续发展面临诸多阻力。在地方层面，一定程度上存在着将用户负担转嫁到供水企业身上的情况，如 2016 年 6 月，德阳市政府常务会议决定，不再向居民用户收取户表改造费用，截至 2021 年 12 月，户表改造工程已结算的有 14356 户，水务公司累计投入 3510 万元。在企业层面，供水企业的运营优质程度可以由主营业务收入与安装收入的比值说明，以安岳县柠都自来水有限责任公司为例，其2020年售水收入占总收入的48%，安装收入占总收入的52%，企业运营主要靠安装收入弥补售水的亏损，可见若不能审慎地实施"清费"措施，企业健康发展将难以为继，进而影响整个供水行业的健康发展。

广元市发展改革委出台了《关于规范市供排水（集团）公司城市供水公共管网建设费有关事项的通知》，通知规定："（一）从2021年1月1日起，取消新增商业用户、行政事业用户、工业用户等非居民用水户城市供水公共管网建设费。（二）新增居民用水户城市供水公共管网建设费1450元/户（套）继续执行至2024年12月31日，从2025年1月1日起全部取消。"但广元市管网建设及其配套设施每年都有不少投入，按照政府要求取消管网建设费后，公司现金流大幅减少，将影响企业对主城区管网建设的投入。

4.2.4　政府欠款

政府欠款是影响供水企业收入的另一个重要因素。由于政府财力有限，在实践中普遍存在拖欠供水企业款项的问题，对供水企业的收入产生了较明显的负面影响。以四川川投水务集团某县供排水有限公司为例，由于上级人民政府于2021年出台了关于优化营商环境的政策，县政府也出台了响应文件，根据这些文件的要求，为了降低中小微企业用户用水成本，对DN100及以下的项目，通过政府购买实现办理"零成本"，但在实践中，供水企业提供安装服务后，政府的款项迟迟未到账，2021年8月至2022年4月合计欠款91.348万元。污水处理费是明确由政府向企业购买的服务，政府按代收污水处理费总额的5‰向供水企业支付代收劳务费或佣金。但由于不少地方政府长期拖欠该费用，且企业对地方财政的应收款项不得计提坏账（或减值）准备，在一定程度上增加了供水企业的长期应收款，增大了有效控制资金成本的难度。以该县为例，2018年8月至2022年6月政府拖欠污水处理费代收服务费达70余万元，对供水企业的收入产生了不利影响。

4.2.5　优惠措施

　　供水企业的收费优惠措施在一定程度上影响着其营业收入。例如，为了响应政府号召，德阳市自来水公司在新冠疫情期间实施了部分取消阶梯水价、免收违约金、企业探漏服务免收费、免收设计费等措施，在体现国企担当、造福社会的同时，对企业收益也造成了一定影响。新冠疫情期间，由于取消阶梯水价按照最低阶梯计价，免收违约金，为中小企业免费提供漏水探测服务和供水安装设计服务等，导致德阳市自来水公司直接收入减少360万元。

　　此外，在中江县，根据《中江县发展和改革局关于实行中江县城镇居民生活用水阶梯价格制度的通知》（江发改〔2019〕14号），低保、五保低收入群体向供水企业申报核实后，实行用水量每立方米少收0.2元的优惠政策。安岳县供水企业也对低收入用户群体进行水价减免，低保、五保户每个月有2吨/人免费水的补助，以降低低收入人群日常的水费支出。这些政策发挥着明显的作用，为降低低收入人群的生活压力起了一定作用。在具体实施中，对低收入人群的优惠主要采用在供水企业收取水费时给予减免或者"先收后返"的方式，这导致供水企业的水费收入减少。实际上，若政府不将这部分优惠的费用支付给供水企业，而是直接要求供水企业减免费用，就会使政府的责任变成了供水企业的负担，在客观上减少了供水企业的收入。

4.2.6　水费回收情况

　　水费不能完全回收也对供水企业的收入产生了负面影响。例如，某市自来水公司2021年度应收水费1.62亿元（含污水处理费），实收水费1.55亿元，水费回收率95.7%。某县自来水有限责任公司近年的水费回收率约为90%。影响水费回收的因素：一是大量总表用户存在水费分摊问题，水费回收难，特别是老旧三无小区；二是还有现实存在的合表用户，用户不愿分户，也不愿就高核定合表水价，导致水费回收难。

4.3 城镇供水企业成本的主要影响因素

本部分探讨在现行的定价机制下，承接产权和债务、新建市政管网、市政管网维修维护、户表改造和更换、老旧小区管网改造、庭院管网维修维护、原水等成本变动、水质监测、二次供水、实际发生但未进入监审成本的项目等因素如何影响城镇供水企业的成本。

4.3.1 承接产权和债务

在资产投资和运营方面，水厂目前主要由政府投资建设，产权归政府所有，供水企业若要承接水厂产权，则要承担水厂建设的相应债务。由于水厂建设投入大，供水企业资金有限，难以承担相关债务，目前相当一部分企业采用向政府支付经营价款的方式，水厂由政府以委托经营的模式交给供水企业运营。此外，有少部分水厂由政府和供水企业共同投资，投资额由政府和供水企业按比例承担。

就建筑红线内的庭院管网而言，在产权方面，初次安装时，由开发商支付费用，产权归用户。小区设施的质保期有限，在建设时为了控制成本，选择的材料和设备往往不能满足长时间的正常运行要求。然而，后期这些管网的终身维护由供水公司承担，当出现需要大修或者更换设备设施之类的大笔支出时，其成本往往由供水企业承担。在此种情况下，供水企业面临的困境在于，由于缺乏上位法的支撑，这些资产的产权没有移交给供水企业，而企业若不承接资产产权，就不能计提折旧进入企业经营成本，从而影响成本监审中企业的成本核算。

4.3.2 新建市政管网

四川省很多城市由于管网建设的时间较早，供水管网上的设施、组件、结构设计等布置越来越不能满足需求，不得不进行二次施工，重新建设市政管网。但在市政管网的建设中，并未执行市政管网建设应由政府投资的有关规定，给企业带来了沉重负担。例如，某市对于新建管网的出资由政府和供水企业按4∶6分摊，企业部分主要通过贷款筹措，虽然建设后的资产产权归企业，后期维护费用可以计入成本，但管网建设中60%的资金比例仍极大地增加了供水企业的成本。

4.3.3　市政管网维修维护

城镇供水管网会不可避免地产生腐蚀现象，生成水垢以及其他各种锈蚀物，导致排水系出现排水不畅、供水不足、水质差、污染严重及管道破裂等问题，因此定期维修维护供水管网对维持城镇供水的稳定运行有重要作用。供水管道修缮工作由该区域的供水企业负责，但目前供水企业资金能力普遍不足，维修费用主要通过举债方式筹措，由此带来了明显的归还本息压力。管道正常运作关系到居民用水安全，《水污染防治行动计划》颁布后，政府开始对管网改造提供补助，但供水行业受到的关注依然太少。例如，在国家补贴四川省燃气与供水管网改造的50亿元总额中，只有30%左右用于供水管网改造，这明显不合理。

4.3.4　户表改造和更换

户表改造主要解决老旧住房共用水表问题，最常见的就是共用水表改造成一户一表。一方面，一户一表方便分户计量以及缴纳费用，另一方面也是实现分户计量、按户收费、实施阶梯水价的前提。按照相关法规，表具应该以6年为周期进行更换，但实际难以实现，目前供水企业只针对鉴定后有问题的表具进行更换，或者对时间超长的表具进行逐步轮换。对于户表改造和更换的费用问题，国家发展改革委价格司在对《关于清理规范城镇供水供电供气供暖行业收费促进行业高质量发展的意见》的解释中指出，终端用户使用计量装置的，首次安装和正常更换都应免费，免费范围既包括安装费又包括材料费。因此，计量装置的更换成本也由供水企业承担，但很多供水企业难以负担计量装置更换和升级的费用，若不投入资金进行升级改造，就会导致收费困难等问题，处在两难境地。

以某市为例，全市约有 30 余万只水表，约有 10 万只水表使用时间已经超过 6 年需要更换，机械水表更换成本约为 100 元/户，智能水表更换成本为 400~500 元/户。但由于缺乏资金支持，对于小表，目前只针对鉴定后有问题的进行更换，或者对时间超长的逐步轮换；对于大表，由于技术原因，基本按时更换，同时每年进行普查。除更换水表外，有 3 万余户需要实施总表改造工程，总表改造工程费用约为 3500 元/户，全部改造费用约 1 亿余元，改造资金压力较大，导致户表改造工作推进缓慢。针对总表和户表的改造，该市已花费 3000 余万元，但这些投入无法计入监审成本中。

4.3.5 老旧小区管网改造

供水管网改造是老旧小区改造的重点项目之一。小区原供水系统年久失修，部分给水管路老化现象严重，特别是管网跑、冒、滴、漏事故频发，管网漏失率居高不下，造成水资源严重浪费且能耗加大，间接导致供水成本增加。近几年，一些供水企业积极与相关部门对接，利用国家老旧小区改造契机对供水管网等进行了部分改造，但总体来说，管网改造的实施难度仍然很大。

4.3.6 庭院管网维修维护

按照政策要求，庭院管网由开发商建设完成后移交给供水企业进行运营和管理。但建筑安装材料市场尚未完全规范，加上开发商建设的保质期通常只有 2 年，供水管网质量无法得到良好的长期保障。在供水企业投入使用一段时间后，经常出现材料质量差导致的漏水等问题。但此时管网建设工作已经完成移交，管网后期的维护压力和承担的责任只能由供水企业负责，这会增加企业成本。如果庭院管网漏水不及时解决，就会造成大量的庭院漏损，导致总表和户表计量之间存在差值，造成居民与供水企业的矛盾,上级对此的解决办法往往是让供水企业承担漏损的水费,这加重了企业负担。

4.3.7 原水等成本变动

原水成本指供水经营者从区域流域或水利工程部门取水后,经过沉沙、入库等过程发生的费用。原水等成本包括电费、药剂费、人工费、原水费、维护维修费用等,呈逐年递增的趋势。四川现行自来水价格大多于2012年制定,供水价格未与原水价格实现联动。

以德阳市为例,如表4-10所示,在水价未涨的情况下,上游原水费、水资源税和原材料价格均出现了明显上涨,近年来的人工成本也在逐年上涨。

表4-10　德阳市原水等成本变动情况

成本项	变动时间	变动前	变动后	变动幅度(%)
原水费(元/立方米)	2013年	0.21	0.24	+14.29
地表水水资源税(元/立方米)	2014年	0.06	0.08	+33.33
地表水水资源税(元/立方米)	2015年	0.08	0.10	+25.00
地下水水资源税(元/立方米)	2014年	0.15	0.18	+20.00
地下水水资源税(元/立方米)	2015年	0.18	0.20	+11.11
氯酸钠(元/立方米)	2021年	6880	9800	+42.44
氯气(元/瓶)	2022年	2000	3900	+95.00

资料来源:笔者整理。

4.3.8 水质监测

确保饮用水的安全是国家当前高度重视的一个问题,供水企业提供安全且优质的饮用水是最重要的民生问题。水质监测工作由供水企业负责,大多数企业由于资金问题,在水质安全和压力安全难以兼顾的时候,都选择保证水质安全，近年来在水质监测站建设投入的资金也影响了供水企业的成本。例如，某市自来水公司为保证水质安全，于 2019~2021 年投入了近 1000 万元用于购买大型水质检测设备。企业为加强水质监测保证供水质量的投入也增加了企业的经营成本。此外，国家正在实施城乡供水一体化，要求同城、同网、同质、同价，这个压力将会由城镇供水企业承担。

4.3.9   二次供水

二次供水普遍应用于超过城市规划供水压力线以上的中高层各类建筑（含住宅、写字楼、医院等公共建筑），四川省城镇人口中，超过一半需要通过二次供水获得自来水供应服务。二次供水需要定期进行设施管理，包括机电设备定期巡检、维修。除成都市外，四川省其他地区当前的二次供水管理较混乱，既存在由供水企业按物价管理部门批准价格收费的情况，又存在由物业管理公司自行收费的情况。水质保障和供水安全存在重大安全隐患。成都市在 2010 年以前，由于供水发展速度低于房地产开发速度，二次供水的管理呈现"多龙治水""各管一段"的格局，责任主体不明、管理缺位。目前，成都市主城区二次供水基本由开发商确定的物业管理公司运行管理，成本直接向业主分摊。

在二次供水的管理方面，法规之间、法规与规范性文件之间存在不一致的情况，这既增大了管理维护的难度，又为企业的成本界定带来了困难。以二次供水设施设备为例，《城市供水条例》缺乏相关的规定，根据《物业管理条例》，二次供水设施设备直接由供水企业承担维修养护责任。根据《关于加强和改进城镇居民二次供水设施建设与管理确保水质安全的通知》（建城〔2015〕31 号），新建的二次供水设施设备供水企业统建统管，已有的二次供水设施设备鼓励供水企业代建、代管、改造后接管、物业企业指定或业主委托等方式。根据《四川省城市供水条例》，新建的二次供水设施设备由供水企业安装、统建统管，已有的二次供水设施设备可整改后移交给供水企业，整改费用由产权人承担。根据《四川省物业管理条例》，供水企业建设的二次供水设施设备，由供水企业负责后期运行维护。开发商建设的二次供水设施设备，可由业主或物业委托供水企业运行维护。

在以上规范性文件中，关于二次供水设施设备的建设，既有开发商建设，又有供水企业建设，不同的建设主体，其利益导向不一致，会影响建筑安装质量及设施设备的选型，并进一步影响后期的维护成本。关于二次供水设施设备的维护责任，既有由供水企业直接承担的，又有产权人委托供水企业负责的，还有产权人自行维护的，这也将影响维护成本的承担对象。

此外，根据《关于加强和改进城镇居民二次供水设施建设与管理确保水质安全的通知》（建城〔2015〕31号），供水企业负责运行管理的二次供水设施，运行维护费用原则上通过城市供水价格统一补偿。然而《城镇供水价格管理办法》和《城镇供水定价成本监审办法》并没有将二次供水运行维护成本计入城市供水成本监审中，这导致了供水企业提供了二次供水服务，却无法将这一部分计入成本监审和水价调整中。

4.3.10　实际发生但未进入监审成本的项目

由于供水成本监审人员对供水企业经营管理不熟悉，难以深入掌握供水企业的真实运营情况，成本监审单位和供水企业两者之间存在较明显的信息不对称现象。因此在成本监审中存在实际发生但未进入监审成本的项目。在成本核算过程中，对管网漏损率、固定资产折旧、员工人数及薪酬和其他费用等项目的核增、核减与实际情况有出入。例如，对于管网漏损率《城镇供水定价成本监审办法》规定的标准是10%。但是在很多地区，城镇管网实际漏损率明显高于这一标准。人力成本中认定企业人员与实际运行中的企业人员有出入，对党建、工会产生费用以及针对企业离退休人员的必要支出都没有进入成本监审当中，都会影响监审成本对真实成本的覆盖，导致供水价格不能反映真实成本。

4.4　现行定价机制存在的问题及其原因分析

在现行定价机制下，供水企业的现状可以概括为"成本不断攀升，收入增长乏力，经营持续亏损"。造成这种现状的原因是现行定价机制在模式、运行和配套机制等方面存在根深蒂固的问题。

4.4.1 定价模式不合理

前端市场化，后端政府定价的模式抹杀了水的商品属性，人为割裂了价格与供需关系的天然联系，严重扭曲了价格应有的信号功能。

在供水企业的生产端，随着市场的波动，供水成本会不断变化，如原水费、原材料、电力能耗等的成本上涨必然会导致企业供水和售水成本的上升。然而，在售水端，企业销售水价由政府定价，政府进行成本监审的时候，主要以监审年之前三年的成本数据为基础进行核算，并以此为基础根据成本加成定价法确定未来几年的水价，当成本发生实时变化时，水价对上游成本变化做出反应的灵敏度低，并未实现水价与上游原水费、原材料、电力能耗等的联动。

此外，当前实施的成本加成定价法，在成本监审时，有些实际发生的成本项目没被计入，如对未移交的资产实施维护和运营产生的成本、户表改造产生的大量费用、部分人力成本等。实际上当前的成本加成定价法是基于部分成本而非完全成本，这导致企业的实际成本会超过监审成本，无法在水价定价中得到真实反映。

4.4.2 实际运行有偏差

在运营操作中，这一定价模式，还因种种因素制约而不能执行到位。一方面，政府缺位给市场主体带来沉重负担；另一方面，对市场主体的管制脱离实际情况，干涉了供水企业的自主经营（例如，成本计入项不足，再加上政府随意承诺，给供水企业增加了很多支出），严重打击了供水企业的积极性、主动性。

政府缺位表现在政府投入不足、调价机制不健全等方面。在政府投入方面，由于地方财力不足及发展不平衡等问题，虽然政策明确规定一些项目应该由政府投入，但在实际运行中，本来该由政府投资的项目被强加在了企业身上，政府在配套市政给水管网建设、"一户一表"改造、老旧管网改造、智慧水务建设等方面的历史欠账太多，企业只能自筹资金开展以上项目，但往往由于资金缺口巨大导致项目推进缓慢。此外，存在政府拖欠供水企业业务款项的现象。在调价机制方面，虽然《城镇供水价格管理办法》第十三条规定："城镇供水价格监管周期原则上为3年，经测算需要调整供水价格的，应及时调整到位，价格调整幅度较大的，可以分步调整到位。"但3年的监管周期在实践中往往难以实现，实际的调价周期远超3年。同时，该办法没有考虑不满足监管周期条件，但又确实需要调整水价的情况。在这种情况下，无论是否满足监管周期的条件，当达到一定状况（例如，成本上涨达到一定的幅度）时，便可启动调价机制。目前的调价机制对此没有明确规定，使供水企业在上游投入品价格已经大幅度上涨的情况下，仍然无法获得政策支持，以通过合理的价格调整响应环境变化，进而降低经营风险。

4.4.3 相关机制不匹配

与定价机制相关的领域和环节存在明显的不匹配现象，使得本应彼此契合、相得益彰的机制和规定之间，不但不能形成"1+1>2"的协同效应，反而成了定价机制的掣肘因素。

这种不配套的状况，突出体现在庭院管网建设管理机制和代收污水处理费上。

如上所述，当前建筑红线内的庭院管网建设管理机制尚不健全，导致供水企业对管理庭院管网发生的实际成本无法进入成本监审，从而无法反应在水价中。在运行维护方面，建筑安装材料市场没有得到完全规范，同时开发商建设的保质期通常非常短，由开发商建设的管网质量难以保障，存在由材料导致的漏水等问题。管网建设完成后，供水企业在后期维护中存在责权利不对等的情况。

污水处理费是政府收费项目，而非供水企业的经营项目，政府通过购买服务让供水企业代为收取。污水处理费与水费的同时收取带来了一些问题：一是一旦调高污水处理费，就会给用户带来供水水价上涨的感知，事实上，在调高污水处理费后，供水企业通常会收到用户大量关于水价上涨的投诉。二是污水处理费在总收费中的占比并不低，多数情况下在30%以上，如表4-11所示，对水费的放大效应较强，严重挤压了水价上调的空间。

表4-11 污水处理费均值与水价均值、总收费均值的对比

水价分类	水价均值（元/吨）	污水处理费均值（元/吨）	总收费均值（元/吨）	污水处理费占比（%）
居民第一阶梯	1.89		2.81	32.74
居民第二阶梯	2.81		3.73	24.66
居民第三阶梯	5.34	0.92	6.26	14.70
居民合表	2.13		3.05	30.16
非居民	2.56	1.34	3.90	34.36
一般行业	4.66		6.70	30.45
洗车、洗浴行业	5.31	2.04	7.35	27.76

资料来源：笔者整理。

总之，在上述三个问题中，定价模式是根本，实际运行中的偏差极大地放大了定价模式中存在的问题，相关的机制不配套又使定价机制处在一种充满矛盾冲突的外部环境中，运行时面临重重制约，这些问题需要通过综合性的配套改革解决。

四川省城镇供水价格
配套机制分析

除水价定价机制外，在水价管理过程中，还存在一些相互关联而又相辅相成的配套机制，以保证供水定价机制的运行和实施，这些机制包括水价调整机制（如水价调整周期、水价联动机制、信息沟通机制、听证机制）、安装工程收费机制及困难群体援助机制。本章旨在探讨四川省城镇供水过程中，这些机制的运行现状、存在的不足，以及产生这些不足的原因，为后文对策建议的提出奠定基础。

5.1 水价调整机制

5.1.1 水价调整周期

5.1.1.1 水价及时调整的必要性

及时并合理地调整城镇供水水价，是保障城市供水质量、促进资源节约的必要举措，更是尊重市场规律、促进供水行业健康发展的内在要求。近年来，四川省供水企业的成本不断上涨，由图5-1可以看到2011～2020年总成本、制水和售水成本、管网建设改造成本以及管网维修成本都呈不断上升的趋势。

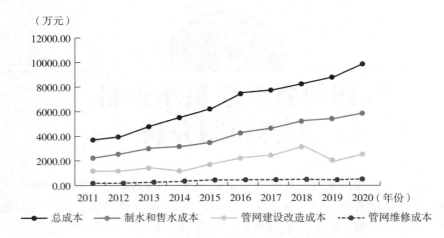

图 5-1 供水企业 2011~2020 年成本变化情况

资料来源：笔者整理。

不断上升的成本使供水企业面临困境：若不能及时调整水价，不断上升的成本会逐渐消耗企业的资产，企业经营将面临亏损。由第 3 章的企业主营业务利润分析可知，供水企业近年来处于连年亏损的状态。为解决供水企业的困境，促进行业的健康发展，水价应该得到及时合理的调整。

为使水价能够及时客观地反映城镇用水的供需关系，《城镇供水价格管理办法》第十三条规定："城镇供水价格监管周期原则上为 3 年，经测算需要调整供水价格的，应及时调整到位，价格调整幅度较大的，可以分步调整到位。"此条规定明确了城镇供水价格应该经测算后调整，周期原则上为 3 年，为水价的调整奠定了政策层面的基础。

5.1.1.2 各地区水价调整周期

四川省的水价调整存在调整周期过长、水价调整不到位的问题。从水价调整周期来看，表 4-9 中四川省各地区的水价调整周期均超过了 3 年，政策规定的 3 年调价周期未能落实，当前调价周期过长。从水价调整过程来看，水价调整的听证过程受社会舆论、社会事件影响大，社会舆论引导和风险评估是难点，也在一定程度上阻碍了现行水价正常调节。

德阳市 2017 年对 2013 年制定的自来水价进行调整，但截至 2022 年 5 月，受各方因素影响，水价还未完成调整，依然维持 2013 年的水价。中江县现行自来水价格是 2012 年政府通过成本监审和听证制定的，城区供水最近一次水价调整是 2012 年。虽然安岳县 2018 年下半年开始启动调整水价，2019 年开始正式实行，但仍然超过了《城镇供水价格管理办法》中规定的原则上 3 年一调的周期。水价调整周期过长，水价调整不到位，使水价不能对成本的变动做出及时反应，水价无法实现合理调整，极大地影响了供水企业的生产经营。

5.1.1.3 问题成因分析

（1）受水资源公共物品属性的制约。水资源作为一种特殊商品，既有公共物品属性又有商品属性，因此在调整水价时要统筹考虑公平性、用水户的承受能力和水资源的稀缺性。无论实际情况如何，一旦消费者感知到调整周期过短、频率过高、幅度过大，就难以通过成本监审及听证会，将不利于水价调整工作的顺利进行。因此，在水价调整中政府出于社会影响的考量，往往秉持较为谨慎的态度。

（2）水价调整权限在政府，且调整程序较为复杂。由于水价的调整权限在政府，水企提出调价申请后，需要政府相关部门的层层审批。由前文内容可知，水价定价和调价涉及的部门包括市/县政府、发展改革委、住房和城乡建设部门、党委宣传部门、党委群众工作部门、司法部门等。涉及的部门众多，导致定调价的程序复杂，沟通协调成本高，周期也被拉长。

（3）水价调整受外部因素的影响较大。由于自来水供水价格一直是政府定价，供水企业在价格调整方面存在很多制约因素。例如，德阳市自来水公司从 2018 年开始申请水价调整，受到 2018 年遭遇猪瘟、为电费调整让路、小学的延时服务等各方面的影响，该公司的水价调整工作一延再延，直至 2022 年 5 月还未完成。

5.1.2 水价联动机制

5.1.2.1 水价联动的意义

水价联动是因供水企业的刚性成本和购入成本的变动，城镇供水企业的供水总成本发生变化并达到一定的程度时，为适应成本的变化，对城镇终端用户供水价格进行相应调整。当这些成本发生变化时，用户终端水价在原有的价格标准上根据联动公式进行相应调整，联动公式通常需要考虑的因素有水资源税、上游原水价格、动力费、自用水率、产销差率、税率等。其中，水价联动有三个主要对象：一是水资源税，是指国家对使用水资源征收的税种，四川省从 2017 年开始征收水资源税，原征收的水资源费标准降为零；二是原水费，是指供水企业为保障本区域供水服务购入原水的费用；三是动力费，是指供水企业直接用于原水汲取、输送、制水生产及输配净水(含二次加压调蓄)所需动力的费用。

建立和完善水价联动机制具有重要意义。首先，根据当前主要的水价调整模式调价，进行成本核定时，只注重弥补历史成本，可以缓解过去发生的困境，却无法预料和包含未来可能出现的变动。联动机制建立后，可以使终端用户供水价格与关联因素相协调，有利于及时疏导价格矛盾，同时尽量不留调价时间差，实现下游价格直接与上游价格挂钩，使水价调价更加科学合理。其次，联动机制的建立为供水企业及时根据成本的变动做出价格的调整提供了可能，提高了生产经营的市场化程度，能够有效缓解因刚性成本和购入成本的上升，同时价格无法调整导致的经营亏损，也在一定程度上提升企业成本的公开透明程度，促进供水企业的良性运转，有利于供水行业的可持续健康发展。最后，水价联动机制的建立能够将市场中生产要素的稀缺性迅速传递给终端用水户，体现为水价的变动，用水价格的变动有利于提高公众的节水护水意识，从而达到提高用水效率和保护水资源的目的。

5.1.2.2 四川省水价联动实施现状

部分已实施水价联动机制地区的情况如表 5-2 所示。

表 5-2 部分已实施水价联动机制地区的情况

城市	实施年份	对象及触发条件	程序	调整额度	周期
成都市	2013	上游资源水价、水利工程水价开（停）征或调整	不再另开听证会；上调时供水企业申请，市发展改革委审批；下调时市发展改革委自主启动调整	不超过上游开征或调整的标准	—
雅安市	2015	水资源税调整	不再另开价格听证会；由企业提出调价申请，经价格行政主管部门审批，市政府同意后实施	供水终端价格同步同价调整	—
内江市	2018	上游原水价格、水资源税调整	不再另开听证会；由市发展改革委会同相关部门测算调整	按照顺价调整机制进行直接测算	—
广元市青川县	2022	上游原水费或水资源税价格浮动或两者价格同时浮动	价格主管部门会同住建、水务、国资、税务等单位对价格浮动情况审查，价格主管部门对价格联动调整额进行测算，县政府批准后实施	调整后价格＝调整时通过公共管网供应的自来水销售价格＋上游原水费浮动（上涨或下降）价格	居民用水原则上不超过 1 次/年；非居民及特种行业用水原则上不超过 2 次/年
乐山市	2015	国家和省提高水资源税征收标准	不再另行召开听证会，企业提出调价申请，经价格行政主管部门审核，报经市政府同意后实施	同步同价调整	—

续表

城市	实施年份	对象及触发条件	程序	调整额度	周期
资阳市	2021	国家和省对上游资源水价（水资源税）、水利工程水价（原水费）开征或调整	不再另开听证会；上调时供水企业申请，市发展改革委审批；下调时市发展改革委自主启动调整	调整后价格＝联动调整前居民生活用水价格＋上游政策性调整额/（1－核定漏损率）	—

资料来源：笔者整理。

从表5-2来看，水价联动机制在实施中呈现以下特点：一是省内只有少部分地区建立了水价联动机制，且处于起步探索阶段；二是联动对象以水资源税和原水价格为主；三是程序设置上，不再另行举行听证会，以政府价格主管部门为主要的测算、审批主体；四是联动调整的幅度主要以联动对象价格变动的幅度为限；五是调整的频率和周期较少有明确的规定，仅个别地方规定了年调整次数的上限。总之，水价联动机制尚未得到全面建立和实施，这主要有以下几方面原因。

（1）缺乏统一的制度设计和政策规定。《关于加快建立完善城镇居民用水阶梯价格制度的意见》（川发改价格〔2014〕726号）指出，"尚未建立上游原水价格、水资源费与居民生活用水销售价格联动机制的地方，应尽快建立价格联动机制，并可结合此次阶梯水价方案听证一并进行"。该意见提出地方要建立价格联动机制，但没有做进一步的细化规定。由于全省缺乏统一的制度设计和相应政策，水价联动的对象、程序、调整额度、调整周期等均由各地根据地方情况自行确定，大部分地区还处于探索和尝试阶段，规定的制定、出台、实施的进度较为缓慢。这在一定程度上延缓了水价联动机制全面实施的进度。

（2）不同主体间的平衡与协调存在困难。作为水资源税征收方的国家从保护水资源、调节用水各方的矛盾、提高全社会用水效率、促进水资源长久使用的战略角度出发，对水资源税进行调整；上游水利工程方为弥补成本以及深化水利工程水价动态调整改革，有动力调整原水价格；电力企业以及其他生产要素供应商会根据市场行情调整其产品价格；供水企业为维持企业的正常运转，通过调整终端水价来弥补成本是其必然诉求；作为消费者的终端用水户希望享受质优价廉的用水服务，对频繁的水价调整难以理解和接受；政府主管部门则还要兼顾政府公信力、企业发展、社会稳定、居民生活成本等因素。注重这些主体之间的协调与平衡也增加了全面实施水价联动机制的难度。

（3）社会公众对建立水价联动机制缺乏全面认识。人们普遍看重当下短期支出的增加，而并不了解国家实施水价联动机制的长期效果，这也是长期以来水资源保护意识淡薄导致的严重后果。如何让消费者了解水价联动机制的长远意义，消除其抵制情绪，是顺利实施水价联动机制的重要前提。

5.1.2.3　全面实施水价联动的必要性和可行性

（1）供水企业刚性成本在供水成本中有相当程度的占比，且变动幅度较大。以本次调研中的中江县为例，2020年供水成本中，动力费占比为16%，原水费占比为15%，两项合计为31%，2021年则分别为16%和11%。以安岳县为例，2019年供水成本中，动力费占比为14%，原水费占比为4%，两项合计为18%，2020年分别为7.4%和3.6%，两项合计为11%，2021年则分别为8.1%和1.9%，两项合计为10%。以德阳市为例，上游原水费、水资源税两项费用占供水成本的比重为16%左右，并且2013年12月原水费从0.21元/立方米上涨为0.24元/立方米，涨幅为14.29%；2014年和2015年地表水水资源税分别从0.06元/立方米上涨为0.08元/立方米、从0.08元/立方米上涨为0.10元/立方米；2014年和2015年地下水水资源税价格分别从0.15元/立方米上涨为0.18元/立方米、从0.18元/立方米上涨为0.20元/立方米。水企的刚性成本在供水成本中占有相当程度的比重，当刚性成本变动时，水企的利润将被挤占，同时由于刚性成本的变动幅度较大，也进一步加重了这种影响。因此，实施水价联动机制有其必要性。

（2）水价联动机制的实施有其可行性。一方面，省内部分地区已经开始探索，水价联动机制的全面实施有了一定基础和铺垫；另一方面，石油等资源性产品由政府建设价格联动机制，供水也能采取联动机制，可以参考石油、电力的价格联动机制，再结合四川省自身实际情况来制定比较系统的政策规定，督促和指导地方完善价格联动机制。此外，可以进一步采取相关配套政策措施来推动水价联动机制的运行，解决供水成本与水价上调之间的矛盾。

5.1.3　信息沟通机制

5.1.3.1　信息沟通现状

四川省各市(州)的水价调整信息大都由当地发展改革委发布，公众可在当地发展改革委官网上进行查阅，同时也可在相关政府官网上留言对水价调整进行反馈。四川省部分市(州)发布水价调整信息情况如表5-3所示。

表5-3　四川省部分市(州)发布水价调整信息情况

城市	发布渠道	最新发布年份	发布内容
成都市	成都市发展改革委	2016	水价上调
泸州市	泸州市发展改革委	2016	水价上调
广元市	广元市发展改革委	2015	水价上调
遂宁市	遂宁市发展改革委	2017	水价上调
南充市	南充市发展改革委	2015	水价上调
宜宾市	宜宾市发展改革委	2016	水价上调
达州市	达州市发展改革委	2019	水价上调
攀枝花市	攀枝花市发展改革委	2017	水价上调
乐山市	乐山市发展改革委	2016	水价上调
资阳市	资阳市发展改革委	2016	水价上调
自贡市	自贡市发展改革委	2019	水价上调
德阳市	德阳市发展改革委	2013	水价上调
绵阳市	绵阳市发展改革委	2018	水价上调

资料来源：笔者整理。

5.1.3.2 存在的问题及原因分析

从表5-3可以看出，四川省水价调整的信息往往是通过地方发展改革委单一渠道传输给社会和消费者，沟通的渠道单一，不利于信息的有效传递。虽然四川省各市(州)发展改革委都建立了自己的互联网交流平台，但在进行信息沟通和交互时效率并不高。

首先，各市(州)建立的互联网平台服务导向不足，造成政府与居民之间水价调整的信息互动模式主要为管理型，距离协商型乃至参与型还有相当大的差距。其次，虽然这种方式能促进信息互动，但互动技巧、互动方式等的缺失，导致双方信息互动过程中存在有效互动不足、非理性互动时有发生，甚至出现本该互动最后却不互动的情况，造成群众对水价调整了解不够，甚至出现信息不对称现象。最后，前述模式性、技术性问题经过积累可能会导致互动过程中政府输出失败，造成社会群众对水价调整及原因了解不够及时，产生一些不必要的矛盾，给供水管理带来难题。

5.1.4 听证机制

5.1.4.1 实施听证会的意义与必要性

在制定水价政策前，应该充分收集用户反映的情况或者提出的意见，了解民众的诉求。水价调整听证会除了向社会公布公开自来水水质、水压等相关信息，还应该及时向社会公布生产运营情况，如水费收益、利润以及供水生产运营的成本，自觉接受社会的监督。

对于政府来说，决策能力、风险评估能力和自我监督能力等都是有限的，一方面决策本身就具有复杂性，另一方面受限于决策者能力本身。水价调整牵扯广大人民群众的切身利益、涉及公权力的行使和运用，而通过举行水价调整听证会，可以逐步实现水价调整公开化、透明化，满足人们对知情权的需求，从而提高水价制定的公开性和可行性。听证程序的落实和推动，既可以弥补由社会调查不全面、论证不精确导致的不合理、群众意见大的决策，也能够尽量避免忽视各阶层的利益需求、重个人轻集体的决策行为。在更大程度上提高决策质量，减少决策失误。

对于自来水用户来说，水价调整决策听证会展现出来的平等沟通、畅所欲言的良好氛围，促使消费者积极追求和维护自身权益，满足社会大众表达意愿的需求，在一定程度上加强了政府决策部门与老百姓需求间的联系和交流，达到政府政绩和群众幸福感的平衡，在更大程度上获得社会公众的理解、配合与支持。

5.1.4.2 实施现状

1997 年《中华人民共和国价格法》的出台，界定了与人民群众公共利益相关的物品价格定价听证的范围、类型和条件，由政府价格部门组织对公用事业、公益性公共福利服务、自然垄断等商品价格的调控、监管，听取经营者和消费者对此类商品价格的意见，标志着我国在定价决策领域引入了听证制度。

四川省各市(州)在制定水价调整相关政策时，都举行了相应的听证会。从水价调整听证会的形式来看，大都采取非正式听证的形式，非正式听证不太注重听证的形式，只是给相关利益者一个阐述自己观点和意见的机会，让行政机构了解各相关方的意见，进行有效互动。从参与主体来看，水价调整听证会的参与主体一般包含听证会申请人、被申请人和第三方，是能够独立参与各项行政程序中的组织或个人，同时这些组织和个人要能够独立地履行义务或者行使相似权力。如表 5-4 所示，参与主体主要包括消费者、经营者、专家学者、利益相关方代表、政府部门代表等人员，其中消费者人数居首位。

表 5-4　四川省各市(州)水价调整听证会实施情况

地区	最近实施日期	参与主体
成都	2015 年 12 月 8 日	消费者 11 名，经营者 1 名，利益相关方 1 名，人大代表、政协委员、专家学者等 12 名
绵阳	2021 年 9 月 16 日	公开召集听证代表 30 名，包括部分企事业单位代表和居民代表
德阳	2012 年 5 月 25 日	—
广元	2022 年 5 月 10 日	消费者 14 名、经营者 2 名、专家学者 2 名、相关部门和社会组织代表 13 名
遂宁	2022 年 5 月 20 日	消费者 8 名、经营者代表 3 名、其他代表 4 名

地区	最近实施日期	参与主体
眉山	2019 年 7 月 15 日	消费者 12 名、经营者 1 名、专家 3 名、相关部门代表 8 名
雅安	2014 年 8 月 22 日	消费者代表 10 名，经营者、其他利益相关方、专家学者、物价部门聘请的政府部门、社会组织和其他人员代表 15 名
达州	2018 年 11 月 2 日	—
乐山	2015 年 8 月 31 日	消费者 10 名，经营者 3 名，专家学者 2 名，人大代表、政协委员、政府相关部门及保护消费者权益委员会代表 7 名
泸州	2022 年 10 月 19 日	消费者 9 名，经营者 1 名，利益相关方 1 名，专家学者 1 名，政府相关部门、社会组织和其他人员代表 3 名
资阳	2022 年 7 月 29 日	人大代表、政协委员、专家代表、消费者代表和商户代表等
南充	2022 年 7 月 12 日	消费者 15 名，经营者 2 名，专家学者 2 名，市人大代表和政协委员 2 名，政府相关部门及社会组织代表 14 名
广安	2021 年 9 月 13 日	用户代表、供水企业代表、专家学者、政府部门、社会组织和其他代表
内江	2013 年 9 月 5 日	消费者 22 名，有关代表、委员、部门、单位和社团组织人员 22 名，有关行业人员 10 名，经营者人员 1 名
自贡	2019 年 5 月 6 日	委托相关部门、组织推荐和面向社会公开征集，产生听证会参加人 23 名
宜宾	2015 年 11 月 24 日	消费者、经营者、其他利益相关方、专家学者、有关部门和社会组织代表
巴中	2015 年 10 月 28 日	消费者 9 名、经营者 2 名、利益相关方 2 名、政府部门 2 名
攀枝花	2022 年 7 月 19 日	专家学者、政府相关部门、消费者、利益相关方、经营者等共 27 名
凉山	2013 年 9 月 17 日	消费者 9 名、经营者 2 名、专家学者 2 名、州人大代表 1 名、州政协委员 1 名、政府相关部门和社会组织代表 4 名、旁听代表 2 名
甘孜	2016 年 10 月 26 日	消费者 9 名(含 2 名低收入消费者)，经营者 1 名，专家学者 2 名，人大代表、政协委员各 1 名，政府相关部门及保护消费者权益委员会代表 5 名
阿坝	2018 年 11 月 2 日	消费者 10 名，经营者 1 名，专家学者 2 名，人大代表、政协委员 2 名，政府相关部门代表 6 名

资料来源：笔者整理。

5.1.4.3　存在的问题及原因分析

水价调整听证会的开展，有效缓解了因社会分析不全面、论证范围不广泛而造成的定价不合理、公众反映大的矛盾，并有助于提高政府制定价格的公开性和合理性。但是由于水价调整听证会还处于探索、完善、发展、改进的阶段，水价听证机制仍然存在诸多问题。

第一，听证代表选拔制度不完善。我国行政决策听证制度中涉及的听证代表选拔在现有的法律法规中没有明确的规定，水价听证会一般只是笼统地规定了听证代表的范围、人数，没有完全公开透明征集相关代表，征集宣传范围存在局限性，因而这样征集产生的代表不一定真正代表相关利益群体。

第二，听证代表议政能力不足。价格法确定了供水价格调整需要实行水价调整听证制度，听证会中的公众参与者包括消费者、利益相关者、相关领域知识或技术权威的专家。水价调整方案的制定是严肃的，由于部分参与人群议政能力不足，很难意识到其严肃性，更多关注目前的水价是否对自身有利，很难判断水价调整方案的合理性，缺乏关于水价成本与水价提效等方面的判断力，易使听证会向讨价会方向发展，这种看似合理的粗放式水价调整听证会的管理模式，缺乏科学性、严肃性和有效性。

5.2　安装工程收费机制

5.2.1　安装工程收费对供水企业经营的影响

安装工程收费对供水企业的经营具有重要的支撑作用。如图 5-2 所示，来自成都、内江、泸州、宜宾、自贡、眉山、雅安、乐山、南充、遂宁、绵阳、德阳、达州、资阳、巴中、广元、广安及市辖行政区域内的 92 个县级城市公共供水企业 2011~2020 年的数据表明，现行水价无法实现供水业务完全成本覆盖，特别是在成本不断上升的情况下，由于水的商品属性长期被弱化，水价难以覆盖成本，供水企业的供水主业长期处于亏损状态，企业生存只能依靠"辅业（工程业务）补主业（供水业务）"的方式来支撑。

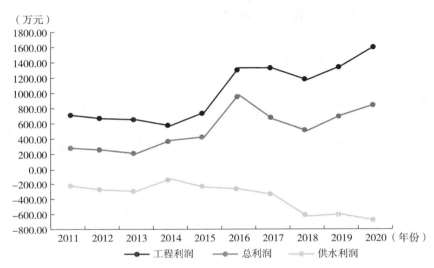

图 5-2　供水企业 2011~2020 年利润变化情况

资料来源：笔者整理。

2017~2020 年省内三、四线城市城镇化率达到一定水平，受经济增速放缓等因素的影响，各公司新户工程安装业务已基本稳定，如图 5-3 所

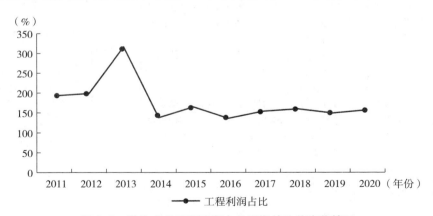

图 5-3　供水企业工程利润占总利润的比值变化情况

资料来源：笔者整理。

示，工程利润占总利润的比值维持在 150% 左右，进一步表明安装工程收费对水企的经营起到了支柱作用。

5.2.2　四川省安装工程收费现状

随着《关于清理规范城镇供水供电供气供暖行业收费促进行业高质量发展的意见》(国办函〔2020〕129 号)、《关于印发〈四川省清理规范城镇供水供电供气供暖行业收费促进行业高质量发展实施方案〉的通知》(川发改价格〔2021〕354 号)的出台，四川省各市(州)以上述文件政策为依据，从 2021 年 3 月开始实施清费工作，并计划于 2025 年全面完成清理规范供水行业收费，四川省各市(州)在供水行业实行清费的项目和可以保留收费的项目如表 5-5 所示。

表 5-5　四川省供水行业清费项目、保留收费项目

清费项目类别	具体内容	保留收费项目名称	具体内容
用户建筑区红线外项目	不得向用户收取不属于用户主体责任范围的任何费用，包括建筑区红线外的工程费及其他相关的设计费	属于用户主体责任的项目	建筑区红线内的政府和企业承担部分之外的工程安装费用、修理维护费用和更新改造费用
用户建筑区红线内项目	不得向用户收取不属于用户主体责任范围的费用，如政府和企业应承担的工程安装费、修理维护和更新改造费用，已纳入房屋开发建设成本的工程安装费，通过物业费、租金或公共收益解决的运行维护费，管线及配套设施建成后的运行维护、管理、损耗费用等		
供水计量装置项目	严禁向用户收取供水计量装置费用；严禁对供水计量装置强制检定收费，由委托方支付检定费用，检定后计量装置确有问题，由供水企业承担检定费用，并免费更换计量装置	老旧小区改造项目	建筑区红线内的改造工程费用以及相应的水表费
无实质性服务项目	不得向用户收取上门费、报停费、恢复供水电气暖费、过户费、变更用水电气暖性质收费、保证金等		

清费项目 类别	具体内容	保留收费 项目名称	具体内容
用水报装工程项目	取消供水企业及其所属或委托的安装工程公司在用水报装工程验收接入环节向用户收取的接水费、增容费、报装费，以及开关闸费、竣工核验费、竣工导线测量费、管线探测费、勾头费、水钻工程费、碰头费、出图费等类似名目工程费用	老旧小区改造项目	建筑区红线内的改造工程费用以及相应的水表费

资料来源：笔者整理。

从清费项目和保留收费项目来看，清费工作实施前，供水企业可以收取建筑区红线外工程费、建筑区红线内工程费和水表费。清费工作实施后，针对新建商品房，供水企业可以按照开发商的委托收取建筑区红线内工程费和水表费；针对除新建商品房外的建筑，供水企业仅可以收取建筑区红线内工程费，供水企业承担的费用明显增多。

建筑区红线外工程费完全由供水企业和政府共同分担，在供水利润本就无法覆盖完全成本的情况下，清费的实施会使供水企业的负担加大，地方政府是否能够及时将其承担的工程费用下拨给供水企业，也会影响供水企业的经营，如果地方政府未能及时且全额下拨费用，企业将会承担巨大的收益风险。因此，"清费"措施的实施，也在一定程度上对供水主营业务的盈利能力提出了挑战。

5.2.3 各地"清费"实践及其启示

针对供水行业的收费问题，除取消不合理收费外，还应进一步合理界定政府、企业、用户的权利和义务，合理分担接入工程费用。如表5-6所示，部分兄弟城市在供水工程费用的分担中，政府都承担了相应的费用，并且政府承担之外的费用都可计入供水企业经营成本，水价的定价模式也更加合理。以上举措既有利于规范供水行业乱收费的现象，又有利于实现供水企业的完全成本覆盖，从而使供水行业健康发展。

表 5-6 部分兄弟城市供水工程费用分担措施

城市	具体措施
上海	·将住宅项目供水接入工程纳入城市基础设施配套费使用范围，向供水企业按照每平方米定额标准支付接入工程建设费用，并明确具体结算标准、工作流程和监管方式； ·与储备土地直接相关的供水配套基础设施建设费用按照规定纳入土地开发支出，不得由供水企业承担； ·未纳入城市基础设施配套费和土地开发支出范围的接入工程项目建设成本，以及接入工程项目的后续运行维护和更新改造费用，纳入供水企业经营成本，通过价格调整予以疏导； ·建筑区红线内供水设施依法依规移交给供水企业管理的，其运行维护、修理更新等费用计入供水成本
南京	·供水接入工程全部费用由供水企业承担，政府在市政基础设施配套费中安排适当补助，统筹支持供水管网建设改造； ·由供水企业承担的接入工程费用纳入企业经营成本，通过水费回收； ·政府安排的供水管网建设补助，结合供水服务范围和管网工程建设情况，适时拨付给供水企业； ·建筑区红线内依法依规交给供水企业实行专业化运营管理的工程，相关运行维护等费用纳入企业经营成本
无锡	·建立政府、行业共担的接入工程费用支付机制，由供水企业承担的接入工程费用纳入企业经营成本，通过水费回收； ·由地方政府承担的部分，应及时拨款委托供水企业建设，或者由政府直接投资建设； ·建筑区红线内依法依规移交给供水企业实行专业化运营管理的工程，相关运行维护、维修更新等费用纳入企业经营成本； ·城镇老旧小区水改工程费用通过政府补贴、企业自筹、用户出资等方式筹措，具体方式和费用分摊方案由各地结合实际确定
苏州	·建筑区红线外接入工程费用由供水企业代收，计入价格成本，若存在政府承担的接入工程费用，不计入价格成本； ·建筑区红线内依法依规移交给供水企业实行专业化运营管理的工程，相关运行维护、维修更新等费用纳入企业经营成本

资料来源：笔者整理。

针对供水工程中可收费的项目，地方政府可以根据实际情况进一步明晰，制定清晰规范的供水延伸服务收费目录，统一收费项目及收费标准，在为供水企业收取相关工程费用提供收费依据的同时，也能够实现政府定价的公开化、透明化。如表 5-7 所示，部分城市将计量设备相关费用、供水设施维保费用纳入了供水延伸服务收费目录，这些费用能够增加供水企业日常经营的工程利润，并且将这些费用纳入定价目录，可以统一收费标准、厘清权责，保证供水工程定价的规范性。

表 5-7 部分兄弟城市供水延伸服务收费目录

城市	类别	收费服务项目
广州	计量设备类服务	计量设备检定、校准
		计量设备安装、拆除及维护等服务
	用户供水设施维护运行、保养服务	管道探漏修漏
		水泵、电机、电控柜等检查、维修
		管道及配套供水设施检查、维修
		蓄水设施、泵房、楼宇管线及附属设施等用户共用用水设施保养
	用户供水设施建设改造	供水设施建设改造服务
	其他服务	水质检验及技术相关服务
佛山	计量设备类服务	计量设备检定、校准
		新建商品房和保障性住房等建筑区红线内配套建设的"一户一表"安装费用，水表迁移，扩缩表及维护等服务
		购表费
	用户供水设施维护服务	管道及配套供水设施检查、维修
潮州	计量设备类服务	计量设备检定、校准
		计量设备安装、拆除及维护等服务
	设施服务	供水设施维护运行、保养、改造服务费用
	其他服务	水质检验及技术相关服务

资料来源：笔者整理。

5.3 困难群体援助机制

　　居民供水作为传统的公共供给，政府部门可以通过其分配控制权来保障服务的普遍性，但是按市场经济内在要求将供水商品化收取水费后，必然会增加一部分困难群体的经济负担，进而对供水服务的普遍性产生一定影响。为保障困难群体居民生活用水，减轻困难群体水费负担，四川省部分城市对困难群体实施了生活用水补贴政策，如表5-8所示。

表5-8　四川省部分城市困难群体生活用水补贴政策

城市	援助对象	援助流程	援助方式
成都	民政部门认定的低保户	由中心城区供排水企业以调价金额的100%按年度支付给民政部门，再由民政部门统一补贴给低保对象	先交后返
绵阳	民政部门认定的低保户、五保户、特困供养对象和市总工会认定的困难职工	每户每年用水量在96立方米以内的，供水企业在抄表计量时全额免收自来水费和污水处理费	免费用水额度
德阳	民政部门认定的低保户、重点优抚对象	实行阶梯水价，第一阶梯1.2元/立方米，第二阶梯1.8元/立方米，第三阶梯2.4元/立方米	水价优惠
攀枝花	民政部门和总工会认定的低保户、特困户	每户每月用水量在6立方米以内(含6立方米)的实行免费供水，超过6立方米的部分按居民生活用水价格计价收费	免费用水额度
乐山	民政部门认定的低保户、低收入户	每户每月水量在15立方米以内(含15立方米)的居民生活用水，按原价格1.45元/立方米执行，15立方米以上的部分按相应阶梯水价执行	水价优惠
自贡	民政部门认定的低保户和特困人员	实行阶梯水价制度，第一阶梯1.525元/立方米，第二阶梯2.285元/立方米，第三阶梯4.575元/立方米。每月免征18立方米的污水处理费	水价优惠

续表

城市	援助对象	援助流程	援助方式
遂宁	民政部门认定的低保户、特困供养户	每户每月免费用水 3 立方米(含 3 立方米污水处理费)	免费用水额度
泸州	民政部门认定的低保户	每户每年免 38 元水费,由区民政局转资金到镇,由镇下拨到户	水费补助
内江	民政部门认定的低保户、特困户及烈属户	根据实际用量退还水费、污水处理费(每月最高减免 5 吨,不足 5 吨按实际用水量计算)	先交后返
眉山	民政部门认定的低保户	每户每月用水 3 立方米以内每立方米优惠 0.30 元,免收污水处理费,超出部分按照 0.95 元/立方米收取	水价优惠
南充	民政部门认定的低保户	不实行阶梯水价,按 1.87 元/立方米收取水费	水价优惠
达州	民政部门认定的低保户、优抚对象	不实行阶梯水价,按 1.16 元/立方米收取水费,对低保户按调整后的污水处理费标准减半收取,对优抚对象免收污水处理费	水价优惠
宜宾	民政部门认定的低保户	不实行阶梯水价,按 1.8 元/立方米收取水费,每户每月用水量在 10 吨之内的(含 10 吨),免缴污水处理费;每户每月用水量超出 10 吨的,只缴纳超出部分用水量的污水处理费	水价优惠
雅安	民政部门认定的无经济来源、无劳动能力、无法定赡养人或扶养人的低保人员	不实行阶梯水价,按 1.3 元/立方米收取水费	水价优惠
资阳	民政部门认定的无经济来源、无劳动能力、无法定赡养人或扶养人的低保人员和烈属	不实行阶梯水价,按 1.5 元/立方米收取水费	水价优惠

资料来源:笔者整理。

目前，各地的水价援助对象完全覆盖各市低保户，水价补贴总额较高，如绵阳市供水部门自执行困难群体援助政策起平均每月对低保户、五保户等家庭经济条件困难的用户让利 30 万元以上；泸州市 2017 年下发了低保户用水价格补贴专项资金 60.63 万元；攀枝花市 2021 年每月为低保特困户减免 6 吨自来水费，累计为 18755 户减免水费共计 294 万元。部分城市实施了水价优惠，其优惠比例也较高，如南充市水价优惠了 16.52%；德阳市水价优惠了 33.33%；自贡市第一阶梯水价优惠了 30.37%，第二阶梯水价优惠了 30.55%，第三阶梯水价优惠了 30.37%，可见对困难群体生活用水补贴力度是较大的，但是仍存在一些问题。

首先，未能充分考虑供水企业的经营成本。当政府没有援助困难群体水费的专项资金预算时，各种援助方式的成本最终会由供水企业承担。例如，先交后返援助方式、水价优惠和水费补助援助方式，困难群体用户很可能在缴纳水费环节出现困难，而供水企业也不能停止对困难群体的生活用水供应，其中产生的成本就只能全部由供水企业承担，从而增加了供水企业的经营负担。此外，即使政府有援助困难群体水费的专项资金预算，资金拨付是否按时到位等因素，都将影响供水企业的现金流以及由于援助困难群体带来的资金占用成本。

其次，各市（州）对困难群体进行援助没有制定统一标准。例如，在是否实行阶梯水价、水价优惠比例、免费用水额度、污水处理费用等方面，各地的标准不尽相同，可能存在援助标准过高或过低的现象，不利于充分发挥援助困难群体、保障供水企业的合规收益的作用。

再次，对困难群体援助的具体流程与方式还有待完善。例如：先交后返援助方式虽然能够实现专项资金专用，严格根据困难群体缴纳的金额全额退回，但极有可能出现困难群体用户难以按时足额缴纳水费，从而造成供水企业收取水费困难的局面；免费用水方式虽然能缓解困难群体的经济紧张，但是未能体现水的商品属性，很可能会造成水资源的浪费；制定免费用水额度方式，既能避免水资源的浪费，又能够实现对困难群体的援助，但是会给水务公司的计量用水量工作造成不便，而且超额用水的费用收取仍然是一个问题；水费补助方式能够使困难群体直接享受到优惠政策，降低困难群体生活成本，但是困难群体在收到补助前仍需自己缴纳水费，可能存在拖欠水费的情况，水企的收益无法得到保障；水价优惠方式在为困难群体提供了优惠的同时又能够保证水企的最低收益，但是需要认真考量困难群体的承受能力。

最后，各地对困难群体的认定标准还不够统一。例如，成都、眉山、泸州、南充和宜宾仅将低保户列为援助对象，有可能存在困难群体援助覆盖面不够完全的情况，未覆盖困难群体的问题难以充分解决。对于困难群体的认定，可以考虑在各地阶梯水价实施制度等相关文件精神基础上，将城乡低保、农村五保、孤儿及特困职工四类人群确定为水价补贴对象。同时其他没有完整支付水费的能力，并且有部分水费欠款的当地居民，也可以户为单位通过提供证明材料进行水价补贴的自助申请，经政府认定后享受优惠。

5.4　本章小结

本章探讨了四川省在水价管理中相关配套机制的运行现状、存在的不足，以及导致这些不足的原因，分析结果如表5-9所示。由该表可知，现行的水价调整机制（包括水价调整周期、水价联动机制、水价调整的信息沟通机制、水价调整的听证机制等）、安装工程收费机制，以及困难群体援助机制的运行和实施中均存在一些不足之处，有待通过改革进一步加以完善。

表 5-9　水价管理配套机制实施现状、问题与原因分析

机制		现状/存在问题	原因
水价调整机制	周期	水价调整周期过长	受水资源公共物品属性的制约； 水价调整权限在政府，且调整程序较为复杂； 水价调整受外部因素的影响较大
	水价联动机制	水价联动机制仅在少数几个城市得到实施，尚未得到普遍实施	缺乏统一的制度设计和政策规定； 不同主体间的平衡与协调存在困难； 大众不了解，存在信息不对称现象

续表

机制		现状/存在问题	原因
水价调整机制	信息沟通机制	信息沟通较为单一，未能有效传播；互联网交流平台上的信息沟通和交互效率不高	水价调整的信息互动主要为管理型与协商型模式，参与度不足；有效互动少、存在一定程度非理性互动；相关制度建设滞后
	听证机制	以非正式听证会形式为主；以消费者、经营者、专家、利益相关方、政府部门代表等人员为参与主体	听证代表选拔制度不完善；公众参与激励机制的缺失
安装工程收费机制		"清费"前，企业生存主要依靠辅业（工程业务）补主业（供水业务）来支撑	"清费"的实施使供水企业收入受到较大影响，"清费"后，供水企业的工程利润将大幅减少，然而"顺价"工作未能及时落实，企业面临更大的经营困难
困难群体援助机制		各地的援助模式不同，主要包括水费先交后返、水价优惠、制定免费用水额度、免费用水、水费补助	对困难群体援助未能充分考虑供水企业的经营成本；四川省各地区对困难群体进行援助没有统一划分援助标准；对困难群体援助的具体流程与方式还有待完善；各地对困难群体认定标准不统一

资料来源：笔者整理。

6

四川省城镇供水价格机制
改革的实施建议

四川省城镇供水价格机制改革的总目标，是充分发挥市场在资源配置中的基础性作用，逐步建立符合市场规律和四川省情的水价定价模式，进而厘清政府、企业和用户之间的关系，规范市场主体的经营行为，形成既能发挥政府影响力，又有利于提升市场主体经营活力，同时符合居民承受力的价格机制，从而促进城镇供水事业高质量发展，服务于社会经济发展全局。

6.1 树立正确观念，认清基本规律

6.1.1 强化水的商品属性认识

水兼具资源属性和商品属性。从资源属性来说，水资源日益稀缺，需要协调好保障用水需求和促进水资源节约保护的关系。就商品属性而言，地表水和地下水一旦被开发利用，就成为商品从而具有商品属性。一方面，水具有使用价值，其用途十分广泛，涉及工农业生产、人民日常生活、社会福利和公共事业等国民经济的各个方面；另一方面，城镇供水企业在取水、输水、净水、配水流入用水户水龙头的过程中，投入了物力、财力、人力，其中凝结了无差别的人类劳动，水变成了"商品水"，具有价值，并进一步表现为交换价值，有了水价和水费问题。与其他商品一样，

商品水的价格也需要遵循市场经济规律。

因此，在水价机制改革的过程中，需要进一步破除"水资源取之不尽用之不竭""水应该以低价甚至无偿供应"等传统观念，建立商品属性是水的重要属性这一根本性认知。基于水的商品属性，在水价改革过程中，尊重市场规律，充分发挥市场机制和价格杠杆作用，从而建立充分体现我国水资源紧缺程度，以节水和合理配置水资源、提高用水效率、促进水资源可持续利用为核心的水价机制。

6.1.2 坚持供水企业的市场主体地位

由于水具有商品属性，作为取水、输水、净水、配水的实施者，供水业务的经营者，供水服务的提供者，供水企业就是供水市场主体，需要为其创造良好的营商环境，其中最基本的就是没有理由在缺乏补贴的情况下，制定和执行使其主营业务无法盈利的政策和机制。

在定价方面，"前端市场化，后端政府定价"的模式抹杀了水的商品属性，人为割裂了价格与供需关系的天然联系，严重扭曲了价格应有的信号功能。这一存在严重问题的定价模式，在运营操作中，还在种种因素制约下，不能执行到位。一方面，政府缺位，给市场主体带来沉重负担；另一方面，对市场主体的管制脱离实际情况，约束了供水企业的自主经营，严重制约了供水企业的可持续发展，甚至影响到供水的基本运行保障。

在配套管理机制方面，四川省存在水价调整周期过长，水价联动机制仅在少数几个城市得到实施，水价调整信息沟通不充分，公众和政府主管部门对供水发展的了解不充分，导致对调整水价的过度敏感，对困难群体援助未能充分考虑供水企业的经营成本等问题。

同时，需要在创造良好的营商环境的基础上，规范供水企业的经营行为。由于水价长期过低，供水企业不能实现保本微利的经营目标，企业普遍亏损，严重缺乏建设与发展资金，制约了供水行业现代企业制度的建立，从而导致供水服务质量难以得到提高。此外，还因管理不善可能造成管网漏失、水企人员超编、成本分摊不合理、折旧提成、盲目建设等不合理成本。

6.1.3 客观评价居民承受能力

公共性是水的另一个主要特征，基于水的公共性，需要在充分考虑和评价用户承受能力的基础上，保证水资源供给的稳定有效。国外研究提出家庭水费支出占可支配收入的 2%~3% 较为合适。国内研究表明，我国的水价尚有提升空间。

从 R 值（人均月水费支出占可支配收入的比值）来看，2015~2019 年，四川省部分城市的人均水费支出占人均可支配收入的情况如图 6-1 所示，各地人均水费支出与人均可支配收入的占比在 0.19%~0.63%，远低于2.00%~3.00%，可见水价总体水平滞后于居民收入的增长，不利于促进用户节约用水。在考虑居民可支配收入的情况下，水价还有较多上涨的空间。

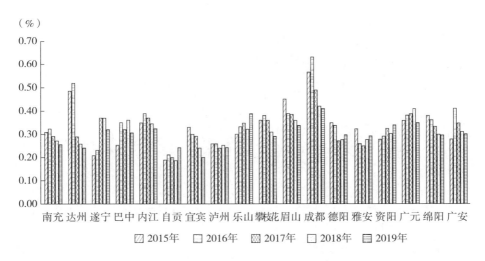

图 6-1　四川省部分城市 2015~2019 年的 R 值

资料来源：笔者整理。

从行业间的对比来看，水、电和燃气等城市三大公用事业，均是居民每天必不可少的消耗品。在居民燃气费用支出方面，从图 6-2 中可以看到成都市、自贡市、绵阳市、内江市、资阳市、泸州市、德阳市、广元市、遂宁市、乐山市、南充市、眉山市、宜宾市、广安市、达州市、攀枝花市、雅安市和巴中市部分城市2015~2019年人均水费及燃气费占人均可支配收入的比重(数据源于四川省统计局、成都及各地级市统计局、成都及各地级市发展改革委网站颁布的调价文件等)。除攀枝花市相应年份数据缺失,以及部分年份燃气费占比较低以外,可以看到其余17个城市人均燃气支出费用占人均可支配收入的比重远高于人均水费占人均可支配收入的比重。

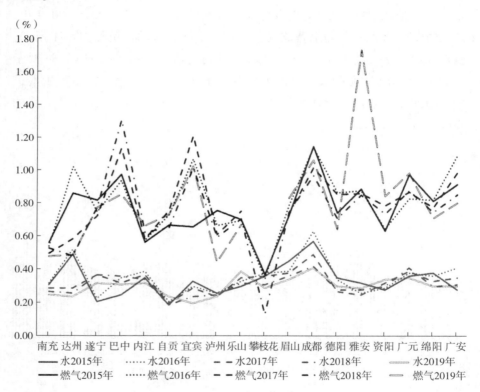

图6-2 四川省部分城市2015~2019年人均水费及燃气费
占人均可支配收入的比重

资料来源:笔者整理。

在居民电费支出方面,总体而言,2015~2019年四川省人均电费支出占人均可支配收入的比重分别为2.32%(2015年)、2.30%(2016年)、

2.20%（2017 年）、2.14%（2018 年）、1.99%（2019 年），5 年平均值为
2.19%。此外，图 6-3 展示了成都市等 5 个城市 2015~2019 年人均水费及
电费分别占人均可支配收入的比重，可以看出，成都市等 5 个城市 2015~
2019 年人均电费占人均可支配收入的比重远高于人均水费占人均可支配收
入的比重。

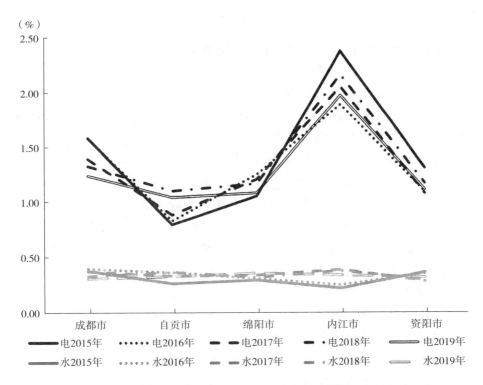

图 6-3 四川省 5 个城市 2015~2019 年人均水费及电费分别
占人均可支配收入的比重

资料来源：笔者整理。

在考虑相似行业对比的情况下，水费支出与同为公用行业的燃气费
支出、电费支出的比较结果显示：居民对公用事业的费用具有一定的
承担能力，和燃气费及电费相比，水价在一定程度上还具有可上调的
空间。

6.2 在现有条件下多方施策，破解政企边界难题

6.2.1 政企边界问题的表现与内在成因

供水企业应该是自主经营、自负盈亏的市场主体，但在供水行业中，政企边界不清是长期困扰供水企业的问题。一方面，政府"缺位"，表现为水价调整的长期滞后与政府在管网建设方面的长期投入不足。在水价-成本倒挂的现实环境下，供水主业本就难以为企业可持续发展提供足够的支持，再承担本应由政府负担的管网建设任务，大大增加了供水企业的经营困难，在某些地区甚至出现了供水企业运营难以为继的状况。另一方面，政府"越位"。除部分地区仍然存在政府干预供水企业经营的情况外，在调研中了解到，出于优化营商环境等目的，政府出台政策，对前来投资的企业减免接入费用或给予一定的水价优惠是很常见的举措，而在落地实施时，很多地方采用先由供水企业买单，政府再给予补偿的方式。事实证明，这是一种高效的方式，为优化区域营商环境发挥了重要作用。但在实际运作中，一旦这种来自政府的应收账款出现账龄延期，为维护政府公信力，此类欠款一般不宜计提坏账，这就会对企业的财务报表产生明显的负面影响。此外，在水价纠纷、管网故障、困难群众用水等事务上，出于维护社会稳定的考量，政府通常会要求供水企业做出更多的让步和付出。对于供水企业来说，履行社会责任、体现国企担当都是光荣义务，但当承担的社会义务超出能力范围时，就会在一定程度上将部分供水企业置于"两难"的境地。

这种政府与供水企业边界模糊的状况，显然与市场经济的要求背道而驰，不利于供水行业的发展。这看上去是一个政府不尊重市场规律，不作为或乱作为的问题，实际上是四川省长期以来区域发展不平衡，导致政府

缺乏足够投入能力的深刻反映。为了破解这一难题，需要正视地方政府支付能力严重不足这一短期内难以改变的客观现实，综合采用多种方法和措施，渐进式地解决。

6.2.2　建立适合区域实际情况的动态价格调整机制

区域发展不平衡的问题会长期存在，因而市政公用设施配套建设资金的配置到位问题也会在今后相当长的一个时期内困扰着各级政府。在这一背景下，尽快解决水价与成本的倒挂就成为破局的关键问题，因为离开了供水企业的生存和发展，创造良好的营商环境、提高群众获得感就都无从谈起。必须认识到，从内在逻辑上讲，"顺价"是"清费"的前提和基础，只有理顺供水价格机制，解决供水企业的主营业务政策性亏损问题，实现《国务院办公厅转发国家发展改革委等部门关于清理规范城镇供水供电供气供暖行业收费促进行业高质量发展意见的通知》（国办函〔2020〕129号）所指出的"提供产品和服务的合理成本主要通过价格得到补偿"，才能逐步规范各种费用，进而促使作为市场主体的供水企业提高服务质量和效率。

为了贯彻《国务院办公厅转发国家发展改革委等部门关于清理规范城镇供水供电供气供暖行业收费促进行业高质量发展意见的通知》（国办函〔2020〕129号）中关于"加快建立健全以'准许成本加合理收益'为基础，有利于激励提升供水质量、促进节约用水的价格机制"的精神，最根本的办法是建立水价联动机制。各地要从本地实际情况出发组织调研，研究建立水价与重要成本要素联动的机制与路径，逐渐实现水价的联动。在建立联动机制有困难的地区，应重新审视成本构成，科学核定成本，再加上6%~8%的准许收益来设定调价幅度。价格调整到位后，应由相关部门联合监测供水成本的变化，建立水价动态调整的工作机制，保证以3年左右为周期的调整落到实处。

6.2.3　为供水企业创造健康发展的政策环境

6.2.3.1　必须加强政策导向，坚决支持水价合理调整

《国务院办公厅转发国家发展改革委等部门关于清理规范城镇供水供

电供气供暖行业收费促进行业高质量发展意见的通知》（国办函〔2020〕129号）发布以来，"清费"工作得到比较顺利的贯彻实施，相比之下，由于事权分散、制约因素众多，水价调整的难度较大，难以一步到位，形成"清费"和"顺价"事实上不同步，"顺价"的进程滞后于"清费"的状况。通过"清费"，极大地促进了供水企业的规范化经营，但在客观上也加剧了既有水价收入难以覆盖成本所带来的经营困难。新冠疫情之后，各地方政府财政越来越难以承担水企的负担，一些地区甚至存在供水企业难以为继的状况。因此，必须在政策导向上旗帜鲜明地支持水价合理调整，这是关乎供水事业健康发展、广大城镇居民用水安全的根本性问题。在具体实施上，要从省一级统筹，借鉴宁波等地的经验，要求各地发展和改革主管部门建立城镇公共供水企业成本监审制度，适当简化调价程序，公开城镇公共供水企业成本和定价成本监审结论。

6.2.3.2 必须加强宣传引导，营造有利的社会舆论氛围

注重通过舆论宣传引导，解决地方政府和公众对水价调整的过度敏感问题。要通过各种媒体渠道，深入宣传针对水价调整政策的目的、内容和实施计划，让公众更加了解水价调整的必要性和合理性，逐渐凝聚支持水价调整的共识；要加强政府部门、供水企业和公众之间的沟通交流，及时回应公众关切和疑虑，解决问题和困惑，增强公众对水价调整的理解和认同；要积极开展舆情监测工作，及时了解公众关注点和热点，发现和纠正不实信息和谣言，确保宣传信息的真实性和权威性，为水价调整争取更多的社会支持；要建立多元化的宣传平台，拓展传播渠道，方便公众随时获取有关水价调整的权威信息，同时加强与行业协会、社区和媒体的合作，加大宣传力度；要采取多种形式开展群众教育，如政策解读会、宣讲会、双向交流座谈会等，让公众积极参与水价调整。

6.2.3.3 必须加强安全意识，处理好供水安全与反垄断的关系

供水安全和供水行业反垄断都非常重要，在实际工作中，要特别注意加强供水安全意识，处理好两者之间的关系。供水安全是人民群众生命健康的重要保障，如果不能保证供水安全，将会给公众带来严重的健康危

害，影响社会稳定。反垄断的目的是促进市场公平竞争，避免垄断企业滥用市场支配地位，确保供水行业健康发展，为公众提供更好的服务和产品，与保障供水安全的出发点是一致的。供水安全是反垄断的基础，反垄断是供水安全的实现途径之一，离开了供水安全谈反垄断，就成了无源之水、无本之木。当供水安全与反垄断难以兼顾时，有关部门要以经济社会发展大局为重，本着实事求是的原则做出科学的判断，只要是有利于提升供水安全而采取的措施，虽然在客观上提高了行业准入门槛，或者造成单个企业市场占有率升高，但只要不构成主观故意支配市场、排除特定竞争者，一般就不宜认定为垄断。

6.2.3.4 必须加强市场监管，坚决打击假冒伪劣产品

一定要从保障公共安全和消费者权益的高度认识打击假冒伪劣产品的意义。在供水行业，假冒伪劣产品存在极为严重的安全隐患和质量问题，如果没有有效的监管和打击，将会给公众带来巨大的健康和安全风险，必须加强市场监管，严格市场准入。在市场监管方面，除建立健全各项标准之外，还要引入第三方机构，开展评估、抽查、调查等工作，保证各项标准的实际执行效果；为了杜绝短期行为，需要建立负面清单和市场禁入规则，对造成较大损失、带来严重安全隐患的企业及其法定代表人、项目负责人实施省内市场禁入，定期将其名单向全行业通报并向社会曝光；在市场准入方面，要建立承包商资质数据库，将细化的市场准入标准落到实处。

但必须注意，加强市场监管不是随意放开市场。在市场机制运行还不够规范的现实条件下，盲目开放市场，会导致一些企业滥用反垄断旗号，将其作为提供质价低劣的伪劣产品的护身符，严重影响监管部门的效率，使大量假冒伪劣产品给供水安全带来各种隐患，明显增加运行维护成本。

6.2.3.5 必须加强标准工作，出台符合行业规律的制度文件

随着供水行业的发展，标准制定日益成为一项亟待跟进的工作，只有在科学标准的引领下，才能高效有序地开展各项管理工作。例如，在智能表具管理上，按照原计量主管部门规定，机械表6年更换周期的合理性值

得重新论证，应从资源节约的角度，积极制定国家强制检测方面的制度和标准，按用水量或表具表径大小制定新的轮换周期，对不合格表具进行更换。加快政策法规和技术标准的制定，目的是建立有公秩良序的市场环境，但也不能因噎废食降低供水安全的必要保障要求。为加强标准工作，要注重建立健全供水行业的标准化体系，包括标准制定、标准解释、标准推广和标准执行等环节；要加强标准制定的过程管理，确保标准制定的质量、进度、透明度和公正性；要采用多种形式推广标准，通过奖励和惩罚措施，激励企业执行标准；要建立健全标准实施监督机制，加大监督检查力度，及时发现和处理标准实施中的问题和缺陷。坚决打击违反标准规定的行为和产品，保障消费者利益和市场秩序。

6.2.4 探索对供水企业进行合理补偿的政策机制

在目前水价调整并不到位、动态调整机制尚未形成的条件下，各地政府对供水企业的合理补偿，对供水企业的生存发展具有重要意义，进而影响着供水安全。在不少地方，政府对供水企业的补偿随意性较强，因此有必要建立一套比较科学规范的政府补偿供水企业的政策机制，助力供水企业的健康发展，并为公众提供良好的供水服务。

除政府主导合理调整水价外，有条件的地方政府应将对水企的财政补贴制度化、规范化。要坚持水企是市场主体的认识，既要让水企承担优化营商环境的光荣使命，又要给予水企国民待遇，使优化营商环境的成果也能惠及水企。为此，应在税费减免、融资支持、政府服务、各种基金申报等方面为水企提供便利，帮助水企解决生产经营中的问题。必要时，可以引入社会资本，吸引民间资本参与水企的投资建设和运营管理，以增强水企的资金实力，并促进其技术创新、管理转型和市场拓展。在机制建设方面，政府可以根据供水企业的实际情况和市场需求等因素，通过考虑成本、投资回报率、服务质量和公共利益等多个维度，确定合理的补偿标准。政府需要建立一套完善的监测机制和评估体系，以确保执行效果，并及时发现和纠正不足之处。政府还需要制定和完善有关供水企业补偿和管理的相关制度和规范，包括明确政府和供水企业的权利和责任，规范补偿标准和补偿程序，以及加大对违法行为的惩罚力度等。总之，政府要建立一个科学、规范和可持续的政策机制，通过确定合理的补偿标准、建立监测机制和评估体系、加强法律法规建设等多种手段，推动供水企业的健康发展，并为公众提供良好的供水服务。

6.3　实施完全成本定价模式，消除政策性亏损

为消除供水企业的政策性亏损，应采用完全成本定价法来确定合理的水价。完全成本定价法是指以水资源社会循环过程中所发生的所有成本为基础来确定水价。根据经济合作与发展组织（OECD）的研究，完全成本定价法更能够体现水资源的商品属性，可提高水资源利用效率和实现水资源可持续利用。

采用完全成本定价法，考虑了水资源本身的价值，引入了水资源的外部成本和机会成本，从而比较全面地反映出开发利用水资源所付出的各种成本的总和，由以下 4 部分组成：水资源本身的价值 P_1 即水资源费、基于人类劳动投入产生的新价值 P_2、水资源外部性引起的外部成本 P_3、水资源多用途及稀缺性决定的社会机会成本 P_4。设水资源价格为 P，则有

$$P = P_1 + P_2 + P_3 + P_4 \tag{6-1}$$

式中：P_1 为水资源费；P_2 为人类对水资源投入的劳动使水资源产品具有的新价值，包括运营成本及正常利润率，运营成本又分为固定成本和变动成本；P_3 为水资源的外部成本，包括水污染造成的经济损失及恢复水环境的费用，这部分费用现在主要是污水处理费，计量了对污水进行处理的材料、设备、人工费用，但显然没有包括水污染造成的全部损失；P_4 为居民生活用水的机会成本，定义为居民生活用水总量转换为工业用水后，工业生产的产品总值。

在实务中，完全成本由利用水资源的机会成本、内部成本和外部成本构成。机会成本是水资源价值的另一种表述，相当于水资源价值，主要用来反映水资源是否稀缺；内部成本包括水文勘探和水质监测成本、水利工

程和自来水基础设施的建设和运行维护成本；外部成本是指污水对环境损害的成本。因此，合理的水价应能涵盖三方面成本，即应包含资源水价、工程水价和环境水价三部分。水资源完全成本水价的计算公式为(冯雁敏和冯洁，2009)：

$$P = P_{Re}(Q_u, D_r, S, I) + [P_{En}(E_b, E_s, E_c, Q_n) + P_{Pu}(Q_d, D_p)] \times$$
$$M_a(Q_s, Q_n) + P_p + P_r$$

$$(6-2)$$

式中：P 为水资源完全成本水价；P_{Re} 为资源水价，它是用水量 Q_u、水资源短缺程度 D_r、水生态退化状况 S、促进节水及保护水资源的投入 I 的函数；P_{En} 为工程水价，它是供水和治污建设费用 E_b、包括管理及运行和维护在内的服务费用 Es、包括利益和折旧在内的资本费用 Ec、所需水量 Q_n 的函数；P_{Pu} 为环境水价，它是排污水量 Q_d 及其污染程度 D_p 的函数；M_a 为水资源的供需对水价的影响系数，它是供水量 Q_s 和需水量 Q_n 的函数；P_p 为供水利润；P_r 为税收。

各地区应该尽快全面推行完全成本定价模式，可以选择省内一个或几个水企收益中等的市(州)进行试点，考察完全成本定价模式对政策性亏损现象的消除所起到的作用，之后进行全省的推广实行，做好居民政策解读工作，让完全成本定价模式可以更快更好地在四川省进行全面实行，定期进行效果考察反馈，根据出现的问题提出针对性的建议与改善措施，保障完全成本定价模式的实施。

6.4 建立水价联动机制，从根本上解决调价周期问题

水价调整周期长、调整不到位，导致供水企业在面对供水成本变化时不能够及时反应，影响了供水企业的经营生产和可持续发展，这是四川省供水行业面临的主要问题。从根本上解决水价调价周期的问题，需要建立水价联动机制，建议如下：

一是建立水资源税(费)、原水费和动力费等成本要素与供水价格的联动公式,依据联动对象的不同,设置不同的联动公式,下面给出原水费和动力费两种成本要素的价格联动公式:

$$P_t = P_0 + K_1 \times (B_1 - A_1) + K_2 \times (B_2 - A_2) \qquad (6-3)$$

$$\beta_1 = |(B_1 - A_1)/A_1| \times 100\% \qquad (6-4)$$

$$\beta_2 = |(B_2 - A_2)/A_2| \times 100\% \qquad (6-5)$$

式中:

P_t 为调整后的终端供水价格;

P_0 为调价前的终端供水价格;

K 为价格联动系数,其中 K_1 为原水费价格联动系数,K_2 为动力费价格联动系数;

A 为上一次定制水价时成本要素的价格,其中 A_1 为原水费价格,A_2 为动力费价格;

B 为当前供水市场上具有公信力的成本要素价格,其中 B_1 为原水费价格,B_2 为动力费价格。

阈值:当 $\beta_1 \leqslant \beta_0$ 且 $\beta_2 \leqslant \beta_0$ 时,$P_t = P_0$;

当 $\beta_1 > \beta_0$ 且 $\beta_2 \leqslant \beta_0$ 时,$P_t = P_0 + K_1 \times (B_1 - A_1)$;

当 $\beta_1 \leqslant \beta_0$ 且 $\beta_2 > \beta_0$ 时,$P_t = P_0 + K_2 \times (B_2 - A_2)$;

当 $\beta_1 > \beta_0$ 且 $\beta_2 > \beta_0$ 时,$P_t = P_0 + K_1 \times (B_1 - A_1) + K_2 \times (B_2 - A_2)$。

其中,β_0 为政府有关部门经过严格的成本监审设置的联动阈值。价格联动机制的触发需要满足一定条件,实际原水费和前一次定价的原水费增减超过某一阈值时,进行价格联动,否则不联动。为避免频繁出现供水价格变更,相关部门需要选取一个合适的比例作为触发阈值,当成本要素价格变化高于该比例时才进行价格联动。触发阈值的设置应合理,不宜过大,也不宜过小,过大则联动不易启动,在一定程度上失去了价格联动的意义;过小则频繁启动,不利于履约价格的相对稳定。当水资源税(费)、原水费和动力费等价格调整时,供水价格按照联动公式计算做出相应的调整,不再另行听证,但应严格进行成本审核,并采用多种形式广泛征求消费者、经营者和相关利益方的意见。

二是建立供水价格联动补贴机制,原水费、动力费标准趋势还是上涨的，上涨的供水价格可能对低收入群体生活造成一定影响，因此要完善相关保障机制，加大财政投入力度，做好"兜底"措施；要继续坚持和完善社会救助和保障标准与水价上涨挂钩联动机制，探索多渠道更有针对性的保障方式，确保低收入困难群体生活水平不因供水价格动态调整而降低。

在实施路径上，四川省发展改革委和住房城乡建设厅根据适应供水市场价格波动常态化的相关要求，对各市(州)的供水联动机制提出明确和系统的指导性政策。各市(州)在制定相关指标体系时，信息的搜集、检测可以从三个主要的方面开展。首先，对本地区水资源的情况和水价的征收情况进行统计、筛选、整理；其次，缩小范围，从本地重点企业水资源的使用状况进行实地调查；再次，分析有关问题，对水资源费联动机制的制定和实施提供典型意见；最后，还要参照已实现供水价格联动机制地区的相关政策，借鉴其有益的建议，建立和完善当地水价联动机制的体系。

6.5　规范市场主体行为

6.5.1　规范延伸服务收费

对于延伸服务类项目，可以参照其他城市的做法，由政府制定相应的收费目录，供水企业为用户提供相关服务项目时，按照政府制定的收费目录提供服务并按照统一标准进行收费。在实施"清费"的过程中，应仔细对照文件中需要清理和可以保留的项目，在权责划分中不应"一刀切"，即不应由供水企业承担所有的费用，从而增加企业经营压力；而是应该做好责任划分，明确各方主体责任，做好权责归属，细化各类服务的权责，并制定有关权责归属说明的文件。

在制定收费服务目录时可参照广州市、肇庆市的做法，将收费服务项目分为计量设备类服务，用户供水设施维护运行、保养服务，用户供水设施建设改造与其他服务。针对计量设备类服务，四川省应着重聚焦于水表设备费用归属，目前四川省大部分地区的水表设备费用由供水企业承担，在一定程度上增加了供水企业的经营成本。"清费"方案中提出，建筑区红线内改造的水表费用可以向用户收取，供水企业应对建筑区红线范围进行明确的划分，制定合理透明的计量设备收费标准，在合理可收费的范围内向用户收取水表设备费来回收成本。针对用户供水设施维护运行、保养服务费用，在日常的管道及配套供水设施检查、维修中，如果检查后没有发现任何需要维修的问题或出现的问题属于人为因素，则由提出检查方承担此次检查的所有费用；如果检查出需要维修的损坏、老化等问题，则由供水企业承担全部的检查及维修费用，以此划分责任与成本。在用户供水设施建设改造服务和水质检验及技术相关服务等其他服务中，都应该秉持"谁主张，谁付费"的原则，由提出需要服务的一方来承担相应的费用，尤其是在政府公益改造项目中，供水企业应积极地向政府寻求财政拨款，以降低日常的运维服务成本。

6.5.2　进一步理顺庭院管网建设市场

城市供水管网是一个繁杂、庞大的系统，其安全运行是城市供水安全的基础，采用行之有效的举措来提升管网运行管理，确保供水安全，为城市的经济社会发展提供强有力的支持是十分必要的。管网事故问题是城市供水管网安全运行面临的主要问题，管网事故的诱因可归结如下：管网承包商为追求其利益最大化，以次充好导致管网质量不过关；目前普遍使用的供水管网的保修期基本上只有两年，过保后的全寿命周期维护事实上都由供水企业承担，在维修基金使用十分不便的现实条件下，严重增加了供水企业的成本负担；供水企业在管网建设管理的工作质量和水平方面还有待提升，对管网质量及安装改造的监管工作不到位在一定程度上使供水企业只能被动承担管网事故问题引发的系列后果。供水企业作为城市供水管网安全的最后防线，应主动突破管网事故频发困境，积极寻求管网事故问题的有效解决办法。

建议政府牵头，尽快建立管网建设市场准入机制并完成试行推广。准许能够长期提供质量稳定、价格合理的材料供应商，具有良好信誉、严把施工安全的施工承包商和具备良好口碑、比较权威的第三方检验机构进入管网建设市场。可以通过制定承包商标准、建立主要投入品的黑白名单制度等硬性要求、提高开发商准入门槛等方法，促使各个商家进行良性竞争，在竞争中提升管网质量，提高施工效率，增强检验结果的准确性，这样既能规避供水企业垄断管网建设市场，又能使管网建设市场健康有序运行。建立市场准入机制后，可以先由部分地方开始试运行，帮助解决当地管网建设问题，在获得成功经验后，再向省内其他地区推广。

供水公司应在短时间内针对供水区域管网建设的现状进行全面把握，通过摸排、走访、对比资料等方式收集管网建设信息，建立全面的资料库，对城市基础供水管网资料予以调查更新掌握，并结合管网所在区域的发展状况进行科学整理，对城市供水管网进行长远、合理的规划，以当前为基础用长远的眼光进行科学布局、改造，保证改造计划的长期性。在完成合理规划的同时，供水企业也应加强日常对管网改造工程质量的监管，以此避免管道基础质量不合格、施工时随意性较大、不执行设计图纸要求，甚至完不成指定工作量等问题的出现。

结论与展望

本书以四川省城镇供水价格为研究对象，综合运用了文献研究法、政策文本分析法、小组座谈法、深度访谈法、书面调查法、数据分析与建模等方法，对水价相关领域研究现状、国内外水价模式、中国供水与水价政策做了系统梳理，对四川省城镇供水定价机制现状及问题进行了分析，探讨了四川省城镇供水价格配套机制，为四川省城镇供水价格机制改革提出了实施建议。

7.1 研究结论

7.1.1 水价相关领域研究现状

对水价构成的研究：水价包含资源水价、工程水价和环境水价是主流的水价构成观点。

对水价形成机制的研究：水价制定的方法有成本法、效益法、均衡价格法、主观评价法、完全成本定价法，以及考虑一些重要影响因素后的水价定价方法。

分类水价和阶梯水价的现有研究主要探讨了实行分类水价和阶梯水价的意义、如何确定各类和各阶梯的水价，以及如何优化改善各类各阶梯的水价。

在居民可承受能力分析方面，有研究提出家庭水费支出占可支配收入的2%~3%是比较合适的，并且从居民可承受能力的角度来看，我国的水价偏低。

就水价管理机制而言，相关现有研究主要关注了水价管理中的问题及解决方案，并探讨了水价调价机制。

7.1.2　国内外水价模式

通过研究发现，美国、英国、法国、新加坡等国家水价模式具有的共同特征为管理权限明晰；确保收支平衡，实现完全成本回收；提倡公众参与定价；考虑可持续发展；管网建设投资界定清晰。

通过对比国外业已成熟的水价模式，进一步探讨了我国现有水价体系机制中面临的问题：水资源税和污水处理费挤占了水价上调的空间；没有建立科学合理的水价管理体系，虽然政企责任划分明确，但受区域发展不平衡的制约，政企边界无法厘清。其主要体现在：①水费计价比较僵化；②水价管理机制不够明晰；③企业可持续发展能力薄弱；④供水产品价格与市政管网投入和摊销界定不清。

7.1.3　中国供水与水价政策

基于政策变迁视角，运用内容分析法和文献计量方法对供水和水价相关政策展开内容计量分析。研究结论显示：我国供水和水价管理政策的发展和变迁可分为三个阶段。阶段一：1998 年 9 月~2010 年 10 月的商品供水价格管理阶段；阶段二：2010 年 11 月~2018 年 5 月的全面深化改革阶段；阶段三：2018 年 6 月至今的促进高质量发展阶段。

我国供水和水价政策变迁的价值逻辑：水价管理政策变迁是促进节约和保护水资源，推进生态文明建设的结果；实践逻辑为水价管理政策变迁是促进供水事业可持续发展的结果；工具逻辑为水价管理政策变迁是合乎不同时期与不同政策规范对象，同时将能力建设贯穿始终的结果。

在政策工具的运用方面，水价政策综合运用了激励工具、能力建设工具、权威工具、系统变革工具和象征劝诫工具。前期以能力建设工具、权威工具和系统变革工具为主，中期则主要以象征劝诫工具和权威工具为主，同时也会较多使用激励工具，后期则使用激励工具和能力建设工具。

就政策实施效果而言，政策实施效果还有待提高：一是部分政策落实存在困难，二是政府制定的相关配套政策措施不足，三是政策规定不够明晰。

7.1.4 四川省城镇供水定价机制现状及问题

研究显示，2019~2021 年样本供水企业主营业务处于亏损状态，并且没有明显的改善迹象。进一步的收益与成本分析表明，城镇供水企业收益的主要影响因素为水价调整、政府投资、"清费"措施、政府欠款、优惠措施、水费回收情况；城镇供水企业成本的主要影响因素为承接产权和债务、新建市政管网、市政管网维修维护、户表改造和更换、老旧小区管网改造、庭院管网维修维护、原水成本变动等。

在现行定价机制下，供水企业的现状可以概括为"成本不断攀升，收入增长乏力，经营持续亏损"。产生这种现状的原因，是现行定价机制在模式、运行和配套机制等方面存在根深蒂固的问题：一是定价模式不合理，二是实际运行有偏差，三是相关机制不匹配。在这三个问题中，定价模式是根本，实际运行中的偏差极大地放大了定价模式中存在的问题，相关的机制不匹配，又使定价机制处在一种充满矛盾冲突的外部环境中，运行起来面临重重制约，需要通过综合性的配套改革来加以解决。

7.1.5 四川省城镇供水价格配套机制

研究显示，四川省城镇供水价格配套机制的运行和实施中还存在一些不足之处，有待在今后的水价管理中进一步加以完善。例如，四川省城镇供水水价调整周期过长；水价联动机制尚未得到普遍实施；水价调整信息沟通不畅，沟通的渠道较为单一，互联网交流平台上的信息沟通和交互效率不高，相关制度建设滞后；水价听证会中听证代表不具备对公共事业和价格管理基本情况的了解和建言能力，选拔制度不完善，缺失公众参与激励机制；地方财力无力承担政府的公共服务能力建设，企业供水业务成本倒挂，经营举步维艰，成为提供饮用水水质、水量基本保障的隐患。在困难群体的援助机制中，对困难群体援助未能充分考虑供水企业的经营成本，为避免管理漏洞，建议在困难群众的基本保障中研究解决，对困难群众的援助不应成为制约调价的因素。

7.1.6 四川省城镇供水价格机制改革的实施建议

四川省城镇供水价格机制改革的总目标，是充分发挥市场在资源配置中的基础性作用，逐步建立符合市场规律和四川省情的水价定价模式，但需要对地方政府财政承载能力及增长趋势有一个明确的判断，进而厘清政府、企业和用户之间的关系，规范市场主体的经营行为。

树立正确观念，认清基本规律，包括强化水的商品属性认识，坚持供水企业的市场主体地位，客观评价居民承受能力；在现有条件下多方施策，破解政企边界难题，总体来说，政府处于"缺位"和"越位"并存的状态，破解的办法包括建立适合区域实际情况的动态价格调整机制、为供水企业创造健康发展的政策环境、探索对供水企业进行合理补偿的政策机制等；实施完全成本定价模式，消除政策性亏损；建立水价联动机制，从根本上解决调价周期问题；规范市场主体行为，包括规范延伸服务收费，进一步理顺庭院管网建设市场；健全水价调整听证机制。

7.2 研究局限及未来研究方向

当前研究还存在一些局限和有待进一步完善之处。

7.2.1 样本规模的扩大与研究对象的进一步细化

在实际调研中，尽可能地选取了具有一定代表性的供水企业作为样本。但由于行业的特点，价格管理事权层级均在各市、县政府，不同地区的供水企业面对的地区经济发展水平、地方相关政策与规定、产业发展情况、水资源稀缺程度、水质、地势条件、管网条件、用户特点等有差异，通过样本分析得出的结论在尽可能反映出全省供水行业面临的共同现状的同时，也可能在一定程度上忽略了一些特性问题。

在今后的研究中，一是可适当扩大样本量，尽可能地展示出各地供水企业的全貌。二是可进一步以市（州）、县（市、区）、单个供水企业为对象，展开更小单位的案例研究，使研究更加深化、细化，是现有研究的有效延伸。对于特定的市（州）、县（市、区）、单个供水企业而言，这类研究能够更有针对性地分析其供水与水价的现状及可能存在的问题，从而因地制宜地制定相应对策。三是根据区域特征，将相似的地区进行归类，在分出大类的基础上，在每类中选取在某些方面做得较好的地区或者企业，做典型案例研究，推广其经验，促进相似地区和企业间的交流与借鉴，促进行业发展。

7.2.2 研究主题可进一步细化

本书是少有的聚焦于城镇供水价格的研究，为了尽可能地反映出相关研究和行业现状，以及整个四川省城镇供水价格机制的状况，本书研究涉及的范围广、主题多。本书的研究既包括研究现状、国内外对比研究、政策研究，又包括四川省的供水定价机制、供水价格配套机制，这些机制又可以进一步细分为较多的方面，每个方面都会涉及多维度、多主体、多因素。当前研究囿于时间、资源等因素，难以一一对这些细分主题做专题研究。

在今后的研究中，会在现有研究的基础上，将一些细分主题作为研究对象，进一步做相应的专题研究，如水价联动机制专题研究、二次供水管理机制专题研究、成本监审专题研究、水价调整听证机制专题研究、延伸服务及收费专题研究等。通过专题研究，聚焦于某一类具体的问题，可以提出针对性更强的对策方案。通过逐个理顺和解决供水价格中的这些细分问题，推进行业的健康可持续发展。

7.2.3 研究视野可进一步拓宽

本书的主题聚焦在城镇供水的价格机制上，同时讨论了与价格机制相关的一些配套机制。研究视野可从以下几方面进一步拓展。

第一，除城镇供水之外，一些企业在为城镇用户供水的同时也为农村用户供水，农村供水具有管道线路长、用户分散等特点，在供水设计、建设、维护、收费等方面与城镇供水具有较大区别。这些企业面临的情况显然不同于仅为城镇供水的企业，其在供水中的现状也有待探讨和分析。今后的研究可以从城镇兼农村供水、农村供水方面展开。

第二，囿于时间、资源等因素，一些问题还未得到深入的讨论和分析。例如，供水管理运作机制（水厂设计、投资、建设、运营管理的成本控制至今仍缺乏规范性技术文件或定额标准）、市场结构、投融资体制、水企改革及内部管理、同一地区不同企业的定价问题等。这些问题在今后的研究中可视情况做进一步的探讨。

第三，作为供水企业上游的水利工程供水在当前研究中未涉及。事实上，水利工程供水是供水企业成本的重要影响因素，随着上游水利工程方弥补成本的动力以及水利工程水价动态调整改革的深化，原水价格的变动将受到更多影响。这也是今后值得考虑的因素。

7.2.4 研究方法的拓展

本书综合运用了文献研究法、政策文本分析法、小组座谈法、深度访谈法、书面调查法、问卷法、数据分析与建模等方法。但除政策文本分析部分收集了大量的政策文献以外，其他方法的运用多基于通过抽样获得样本企业的资料。今后可以把整个行业作为对象，组织建设供水服务行业运营情况基础数据库，在行业数据库的基础上，建立基于大数据的统计分析模型，并应用到行业管理中。

参考文献

［1］Barde J A, Lehmann P. Distributional Effects of Water Tariff Reforms: An Empirical Study for Lima, Peru［J］. UFZ Discussion Papers, 2014（6）: 30-57.

［2］Baumann D D, Boland J J, Hanemann W M. Urban Water Demand Management and Planning［M］. New York: McGraw-Hill, 1997.

［3］Chu L, Grafton R Q. Dynamic Water Pricing and the Risk Adjusted User Cost（RAUC）［J］. Water Resources and Economics, 2021, 35（1）: 100181.

［4］Coelli T J, Lloyd-Smith J, Morrison D, et al. Hedonic Pricing for A Cost Benefit Analysis of A Public Water Supply Scheme［J］. Australian Journal of Agricultural Economics, 1991, 35（1）: 1-20.

［5］Jensen C, Johansson S, Lofstrom M. The Project Organization as a Policy Tool in Implementing Welfare Reforms in the Public Sector［J］. International Journal of Health Planning and Management, 2013, 28（1）: 122-137.

［6］Jia S F, Zhang S F. Response of Industrial Water Use to Water Price Rising in Beijing［J］. Journal of Hydraulic Engineering, 2003, 34（4）: 108-113.

［7］Kanakoudis V, Gonelas K. The Joint Effect of Water Price Changes and Pressure Management, at the Economic Annual Real Losses Level, on the System Input Volume of a Water Distribution System［J］. Water Supply, 2015, 15（5）: 1069-1078.

［8］Kejser A. European Attitudes to Water Pricing: Internalizing Environmental and Resource Costs［J］. Journal of Environmental Management, 2016, 183（3）: 453-459.

［9］Lucio M，Giulia R，Lorenzo C. Investigating Attitudes towards Water Savings，Price Increases，and Willingness to Pay among Italian University Students［J］. Water Resources Management，2018，32(12)：4123-4138.

［10］McDonnell L M，Elmore R F. Getting the Job Done：Alternative Policy Instruments［J］. Education and Policy Analysis，1987，2(9)：133-152.

［11］Renzetti S，Kushner J. Full Cost Accounting for Water Supply and Sewage Treatment：Concepts and Case Application［J］. Canadian Water Resources Journal，2004，29(1)：13-22.

［12］Rogers P，Silva R D，Bhatia R. Water Is an Economic Good：How to Use Prices to Promote Equity，Efficiency，and Sustainability［J］. Water Policy，2002，4(1)：1-17.

［13］Schneider A，Ingram H. Behavioral Assumptions of Policy Tools［J］. The Journal of Politics，1990，2(50)：510-529.

［14］Stemler S. An Overview of Content Analysis［J］. Practical Assessment Research and Evaluation，2001，7(17)：1-10.

［15］Zhang N，Zhang S. The Analysis of the Laddering Water Price in Urban Household Water based on the ELES Model［C］. Hangzhou：IEEE，2010.

［16］本刊. 水价改革：上海市的探索与实践［J］. 城乡建设，2020(10)：30-31.

［17］蔡守华，周明耀，岳金桂. 城镇水厂最优水价模型［J］. 河海大学学报(自然科学版)，2000(4)：101-103.

［18］陈易，安子琴，姜小川，等. 基于完全成本定价模型的大连市水价研究［J］. 水利经济，2011，29(3)：42-45，52，77.

［19］程小文，周广宇，尤学一. 国内外大城市居民生活水价对比研究［J］. 中国给水排水，2021，37(10)：56-60.

［20］邓嘉辉，周惠成，李一冰. 阶梯水价的居民节水效益及水费支出的测算［J］. 武汉大学学报(工学版)，2019，52(2)：116-124.

［21］丁日佳，张冠华，陈玮. 山西省水资源价值水平及其价格承受问题研究：基于未确知测度的山西省水资源价值综合评价［J］. 国土与自然资源研究，2012(1)：83-85.

［22］冯雁敏、冯洁．市场经济中水资源全成本定价模式研究［J］．水力发电，2009，35（8）：86-90．

［23］傅涛、张丽珍、常杪，等．城市水价的定价目标、构成和原则［J］．中国给水排水，2006（6）：15-18．

［24］高慧忠、王晓松、孙静，等．国内外城市居民生活水价及可承受能力分析［J］．水利经济，2021，39（1）：36-40．

［25］姬鹏程、张璐琴．完善供水价格体系　改进政府水价管理［J］．宏观经济研究，2014（7）：3-9，33．

［26］姬鹏程．我国城市水价改革的现状及建议［J］．宏观经济管理，2009（4）：48-49，52．

［27］及玉兰、刘延森．关于滨州城市供水价格的调查报告［J］．中国物价，2002（2）：35-37．

［28］贾亦真、沈菊琴、王晗，等．兰州市水资源价值模糊评价研究［J］．人民黄河，2018，40（9）：68-73．

［29］江小平．城市居民阶梯水价节水效应及其比较研究：兼析杭州居民阶梯水价节水效应［J］．价格理论与实践，2020（7）：70-73，120．

［30］李俊艳．供水工程水价测算浅析［J］．水利建设与管理，2016，36（8）：48-51．

［31］李蕾．黄河流域数字经济发展水平评价及耦合协调分析［J］．统计与决策，2022，38（9）：26-30．

［32］李裕科．论水价构成中的成本因素问题［J］．价格理论与实践，2010（1）：51-52．

［33］林家园、陶小马．对阶梯式计量水价的认识与思考［J］．价格理论与实践，2004（8）：52-53．

［34］刘小晖、张满银、王得楷，等．公众参与城镇居民生活用水水价探析［J］．中国农村水利水电，2011（12）：68-71，75．

［35］刘晓君、闫俐臻．基于内外部全成本视角的居民用水阶梯价格研究：以西安市居民用水实施阶梯水价改革为例［J］．价格理论与实践，2016（12）：60-63．

［36］马训舟、张世秋、穆泉．阶梯式水价对城镇居民福利影响的模拟分

析：以北京市居民用水为例分析[J]. 价格理论与实践，2011（12）：25-26.

[37]马训舟，张世秋. 成都城市居民累进阶梯式水价结构与政策效果分析[J]. 中国人口·资源与环境，2014，24（11）：168-175.

[38]米雪薇，郑梦沂，刘黎明. 北京市城镇居民水价研究[J]. 调研世界，2019（2）：38-44.

[39]宋兰兰，唐德善，周逢强. 工程水价核算及基于水权的水价调整方法研究[J]. 水利科技与经济，2007（4）：209-210.

[40]孙建光，韩桂兰. 塔里木河流域基于资源环境水价的农业水价的承受力分析[J]. 中国农村水利水电，2012（3）：83-86，90.

[41]孙建光，韩桂兰. 基于生态用水的塔里木河流域环境水价及其计量模型研究[J]. 生态经济，2008（4）：150-152.

[42]孙静，申碧峰. 北京市城市居民生活用水水价承受能力预测[J]. 北京水务，2008（6）：44-47.

[43]唐利斌，毛志锋. 北京市水价体系研究[J]. 中国水利，2009（10）：47-49，52.

[44]唐奇. 辽宁省水资源价值评价[J]. 黑龙江水利科技，2019，47（9）：14-17.

[45]汪恕诚. 水权和水市场：谈实现水资源优化配置的经济手段[J]. 中国水利，2000（11）：6-9.

[46]王谢勇，谭欣欣，陈易. 构建水价完全成本定价模型的研究[J]. 水电能源科学，2011，29（5）：109-112.

[47]魏金娣，吕晓东. 凤翔县村镇供水工程水价管理措施探析[J]. 陕西水利，2014（6）：175-176.

[48]魏向辉，单军. 北京市村镇供水水价管理问题研究[J]. 中国农村水利水电，2013（2）：114-116.

[49]温续余，周拓. 多目标供水工程的水价设计[J]. 中国农村水利水电，2005（7）：101-103.

[50]徐晓晖，黄贤金，赵涵. 基于 Meta 分析的中国水资源价值移位研究[J]. 中国环境管理，2019，11（4）：46-51.

[51]严宜怀. 关于自来水成本和水价的分析[J]. 中国给水排水，1992（3）：

36-38.

[52]袁汝华，朱九龙，陶晓燕，等. 影子价格法在水资源价值理论测算中的应用[J]. 自然资源学报，2002(6)：757-761.

[53]张立尖. 非居民用水超定额累进加价制度的思考与建议[J]. 给水排水，2019，55(3)：12-17.

[54]章胜. 基于 ELES 模型的城市居民生活用水定价研究：以杭州市为例[D]. 杭州：杭州电子科技大学，2011.

[55]周春应. 江苏省城镇居民水价承受能力的 ELES 模型研究[J]. 水电能源科学，2009，27(4)：158-160.

[56]周耀东，张鹏. 论中国水价改革实践与理论研究进展[J]. 价格理论与实践，2017(11)：74-77.

[57]朱彩飞. 居民可承受能力与居民用水定价：国外水价管制的实践、经验与启示[J]. 西部论坛，2013，23(3)：35-41.

[58]朱法君，邬杨明，沈仁英. 基于节水的合理水价形成机制探讨[J]. 浙江水利水电专科学校学报，2010，22(2)：52-54，70.

[59]朱永彬，史雅娟. 中国主要城市水资源价值评价与定价研究[J]. 资源科学，2018，40(5)：1040-1050.

附　录

附表1　2016～2021年四川省(部分地区)基本水价、污水处理费与水资源税占比情况

单位：%

年份	指标	南充	达州	遂宁	巴中	内江	自贡	宜宾	泸州	乐山	攀枝花	眉山	成都	德阳	雅安	资阳	广元	绵阳	广安
2016	基本水价占比	68.73	68.22	67.39	62.24	64.65	61.00	73.96	70.08	73.08	72.29	76.86	66.44	68.40	65.58	67.91	70.04	72.69	66.45
	污水处理费与水资源税占比	31.27	31.78	32.61	25.96	31.72	36.00	26.04	22.35	26.92	27.71	23.14	33.56	31.60	34.42	32.09	29.96	27.31	33.55
2017	基本水价占比	63.12	58.63	70.36	59.60	64.65	61.00	68.77	59.87	73.08	65.23	76.86	65.35	62.18	61.30	67.91	62.94	66.78	66.45
	污水处理费与水资源税占比	36.88	41.37	29.64	29.10	31.72	36.00	31.23	33.66	26.92	34.77	23.14	34.65	37.82	38.70	32.09	37.06	33.22	33.55

续表

年份	指标	南充	达州	遂宁	巴中	内江	自贡	宜宾	泸州	乐山	攀枝花	眉山	成都	德阳	雅安	资阳	广元	绵阳	广安
2018	基本水价占比	63.12	58.63	62.90	59.60	67.08	61.00	65.33	59.87	67.86	61.62	65.33	65.35	62.18	61.30	67.91	62.94	64.53	66.45
	污水处理费与水资源税占比	36.88	41.37	37.10	29.10	32.92	36.00	34.67	33.66	32.14	38.38	34.67	34.65	37.82	38.70	32.09	37.06	35.47	33.55
2019	基本水价占比	63.12	64.11	62.90	59.60	67.08	67.64	65.33	59.87	64.41	61.62	65.33	65.35	62.18	61.30	67.91	62.94	64.53	66.45
	污水处理费与水资源税占比	36.88	35.89	37.10	29.10	32.92	32.36	34.67	33.66	35.59	38.38	34.67	34.65	37.82	38.70	32.09	37.06	35.47	33.55
2020	基本水价占比	63.12	64.11	62.90	59.60	67.08	67.64	65.33	59.87	64.41	61.62	65.33	65.35	62.18	61.30	67.91	62.94	64.53	66.45
	污水处理费与水资源税占比	36.88	35.89	37.10	29.10	32.92	32.36	34.67	33.66	35.59	38.38	34.67	34.65	37.82	38.70	32.09	37.06	35.47	33.55
2021	基本水价占比	63.12	64.11	62.90	59.60	67.08	67.64	65.33	59.87	64.41	61.62	65.33	65.35	62.18	61.30	65.69	62.94	64.53	66.45
	污水处理费与水资源税占比	36.88	35.89	37.10	29.10	32.92	32.36	34.67	33.66	35.59	38.38	34.67	34.65	37.82	38.70	34.31	37.06	35.47	33.55

资料来源：笔者整理。

156

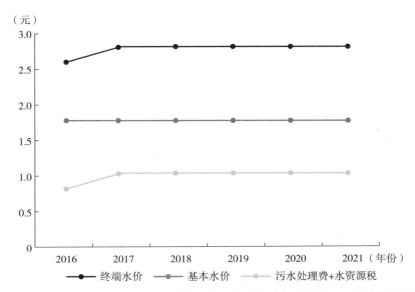

附图 1　2016~2021 年南充市终端水价、基本水价、污水处理费+水资源税的情况
资料来源：笔者整理。

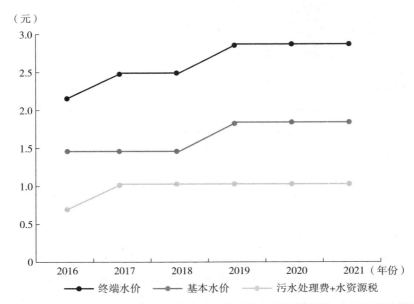

附图 2　2016~2021 年达州市终端水价、基本水价、污水处理费+水资源税的情况
资料来源：笔者整理。

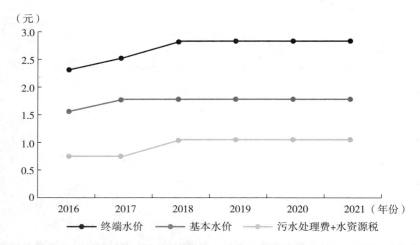

附图 3　2016~2021 年遂宁市终端水价、基本水价、污水处理费+水资源税的情况
资料来源：笔者整理。

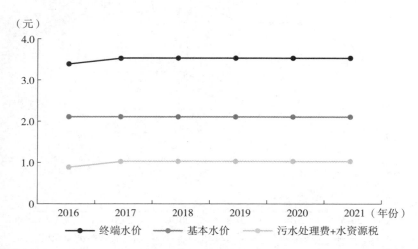

附图 4　2016~2021 年巴中市终端水价、基本水价、污水处理费+水资源税的情况
资料来源：笔者整理。

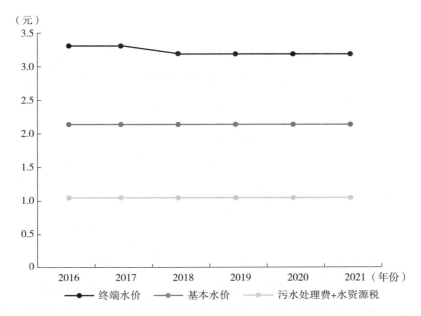

附图 5　2016~2021 年内江市终端水价、基本水价、污水处理费+水资源税的情况

资料来源：笔者整理。

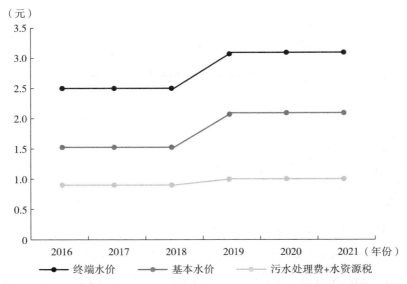

附图 6　2016~2021 年自贡市终端水价、基本水价、污水处理费+水资源税的情况

资料来源：笔者整理。

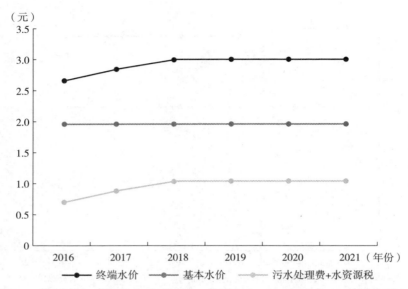

附图 7　2016~2021 年宜宾市终端水价、基本水价、污水处理费+水资源税的情况
资料来源：笔者整理。

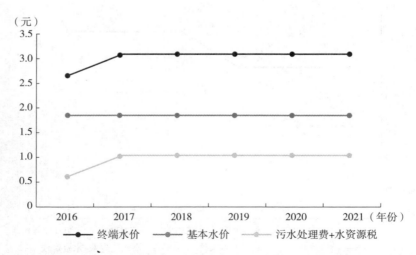

附图 8　2016~2021 年泸州市终端水价、基本水价、污水处理费+水资源税的情况
资料来源：笔者整理。

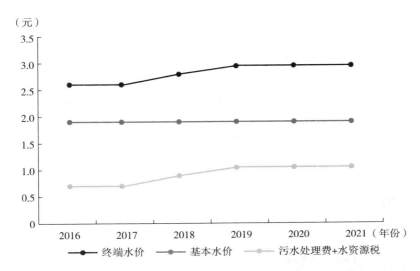

附图9　2016~2021年乐山市终端水价、基本水价、污水处理费+水资源税的情况

资料来源：笔者整理。

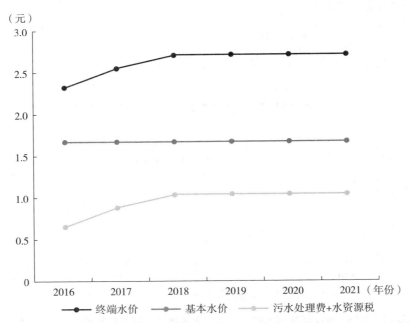

附图10　2016~2021年攀枝花市终端水价、基本水价、污水处理费+水资源税的情况

资料来源：笔者整理。

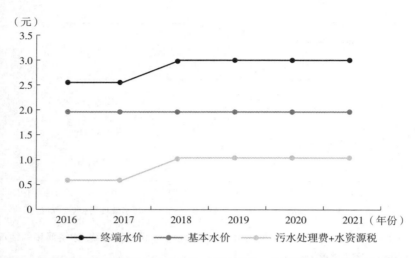

附图 11　2016~2021 年眉山市终端水价、基本水价、污水处理费+水资源税的情况
资料来源：笔者整理。

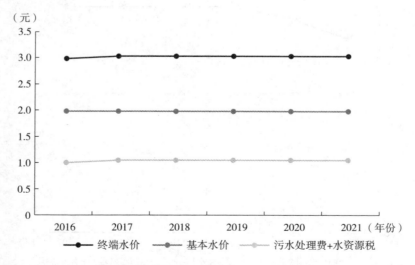

附图 12　2016~2021 年成都市终端水价、基本水价、污水处理费+水资源税的情况
资料来源：笔者整理。

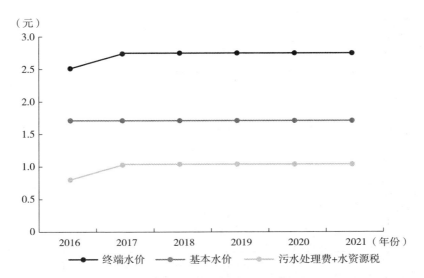

附图 13　2016~2021 年德阳市终端水价、基本水价、污水处理费+水资源税的情况
资料来源：笔者整理。

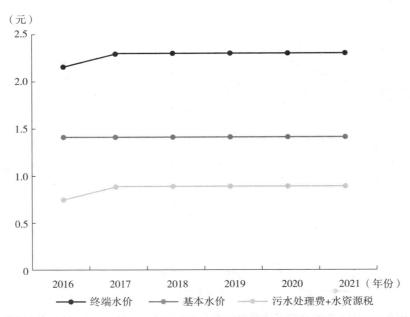

附图 14　2016~2021 年雅安市终端水价、基本水价、污水处理费+水资源税的情况
资料来源：笔者整理。

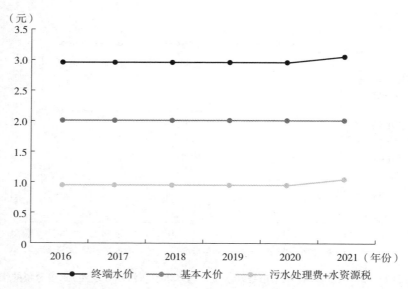

附图 15 2016～2021 年资阳市终端水价、基本水价、污水处理费+水资源税的情况
资料来源：笔者整理。

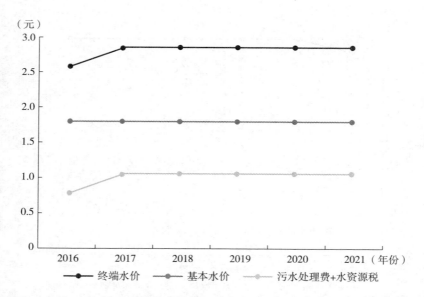

附图 16 2016～2021 年广元市终端水价、基本水价、污水处理费+水资源税的情况
资料来源：笔者整理。

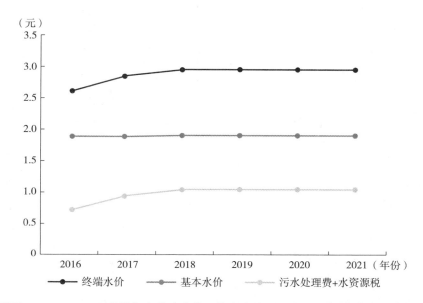

附图 17　2016~2021 年绵阳市终端水价、基本水价、污水处理费+水资源税的情况
资料来源：笔者整理。

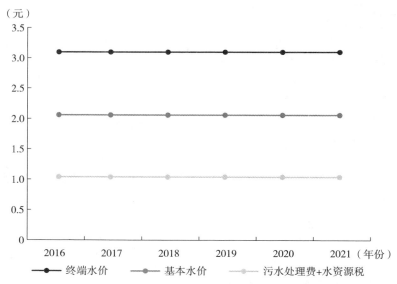

附图 18　2016~2021 年广安市终端水价、基本水价、污水处理费+水资源税的情况
资料来源：笔者整理。

致　谢

本书的研究，只是从水价这样一个小小的切入点，对城镇供水这样一个如此宏大行业所做的一次管中窥豹。尽管如此，我们深知，若没有方方面面的指导和帮助，根本不可能完成这项工作。如果本书的探索做出了有益的贡献，光荣应该归于每位给予我们慷慨支持的人，在这里向他们致以崇高的敬意。当然，对于存在的疏漏与不足之处，我们应该承担全部责任。

感谢四川省城镇供水排水协会一路的大力支持。感谢梁有国秘书长为本书的研究指明了方向，还在本书完成的过程中亲予点拨。感谢协会副秘书长纪胜军先生、胡明先生、齐宇先生和魏宇先生，在本书研究的过程中倾囊相授丰富的行业经验，帮助我们深化对行业的理解，还带领我们多次进行实地调研，你们辛苦了！

要完成植根于行业的研究，离不开企业的大力支持。感谢内江市水务有限责任公司李涛董事长、王敏副总经理，德阳市自来水公司崔良英副总经理，四川川投水务集团中江供排水有限公司朱禹董事长兼总经理，安岳县柠都自来水有限责任公司刘建华董事长提供丰富的第一手资料，帮助我们认识行业现状，离开诸位的理解和帮助，我们无法完成任何有价值的工作。

特别感谢四川川投水务集团有限公司严斯亮副总经理和法务风控专员艾兴宇先生，你们不但提供了宝贵的信息，还参与本书的谋篇布局、结构优化，并反复审读书稿，提出修改建议。

感谢成都理工大学管理科学学院赖斌院长、苏玉琼书记、张惠琴副院长和陈旭东副院长的关心，感谢成都理工大学管理科学学院工商管理系主任刘波教授、支部书记刘登娟副教授对本书出版的大力支持。

感谢一路守望相助的好朋友们，感谢四川天路印象文化产业发展有限公司张广胜总经理、国药太极四川太极大药房连锁有限公司袁春副总经理、兰艺术 CEO 罗文涛、四川省首尔迪拍卖有限公司杨赛琼董事长，你们一如既往地给予我们鼓励，并与我们分享你们的知识和经验，这些来自不同行业和领域的启示对我们来说至关重要。

本书的问世，也离不开研究生助手们的努力。其中，樊雨鑫和廖妮娜同学负责了第 1 章的研究现状和国内外水价模式的对比研究，王鹏和赵婉汝同学负责了第 2 章的政策研究，叶雅雪同学负责了第 3 章的供水价格机制运行环境研究，丁邺欣同学负责了第 4 章的现状及问题分析，李鑫同学负责了第 5 章的供水价格配套机制分析，樊芳同学负责了第 6 章的实施建议研究，张莹同学负责了第 7 章的研究结论和全书的统稿。现在比亚迪汽车工业有限公司财务处经营管理中心任经营分析会计的张文学同学，在本书的研究撰写过程中，作为小组长带领师弟师妹高效工作，展现了很好的领导潜质，对全书的各章节都做出了突出贡献，谢谢张文学！

感谢四川大学金融学硕士研究生郑偲翀在统稿中付出的辛勤劳动！

特别鸣谢经济管理出版社的编辑团队。本书给你们带来的麻烦想必超过同类书籍，但你们不抛弃、不放弃，用你们的无尽耐心和卓越素养一遍遍打磨，终于让本书有了今天的模样。请接受我们的敬意！

再次谢谢大家！

王　宇

2024 年 3 月

后 记

可能没有哪一个行业如同城镇供水这样深刻地反映着我们所处的管理情境的特殊性。市场化环境与行政管控、顶层设计与分布式运行、行业发展与社会稳定、企业经营与饮用水安全、多部门共治与跨部门协调组成了一个充满矛盾运动的复杂系统，这就是城镇供水行业的现状。

水价处于资源配置、体系维系、企业生存和供水安全的交汇处，是这个复杂系统的核心问题。现行体制机制的深层次问题，集中投射在水价之上，使水价成本倒挂多年来困扰着供水企业，危及供水企业的生存发展。供水企业的危机有可能威胁行业的运转，进而成为供水安全的隐患。近年来，部分地区围绕水价问题发生的一些事情，预示着这方面的矛盾可能存在逐渐凸显之势。

在这样的背景下，我们编写完成了本书。回头来看，它并不完美，不过仍然承载了我们的几点期望，希望它能成为问路之石、引玉之砖，得到各路专家的批评指正。

首先，厘清系统结构，理解基本规律。我们希望，本书对水价政策进行的系统分析，以及对现行的城镇供水价格机制运行环境、定价与价格配套机制的研究，有助于揭示水价问题背后系统结构方面的原因，进而理解中国管理情境下供水行业的基本规律。

其次，为相关部门提供决策参考。本书坚持问题导向，坚持运用系统思维和全局思维，理解体制机制和实际运行中的矛盾问题，并提出了框架性的对策建议，希望可以为相关部门在推动行业改革，实现高质量发展中提供一些参考。

再次，助力供水企业。供水企业的经营状况直接影响供水安全，进而关系到社会稳定，因而我们一直坚持为供水企业发声。我们希望，本书有助于供水企业全面认识供水价格机制，了解国内外的相关做法，拓展一些审视水价问题的视角，从而帮助其提高沟通能力，争取更好的外部环境。

最后，助力行业与社会公众沟通。毋庸讳言，目前社会公众对供水行业和供水企业存在一些误解，也在一定程度上增加了水价调整的难度，希望本书有助于加强行业和企业与社会公众的沟通联系，争取公众理解，减少不必要的阻力。

《易·损》有云："损益盈虚，与时偕行。"时代的变迁，正呼唤着更合理的水价机制，这既关乎企业生存，又关乎行业发展，更关乎社会安定和民众的福祉。我们深知，以一本书之力，绝无可能改变什么。但我们相信，一切有意义的变化，莫不始于点滴跬步。愿本书，连同我们所有人的努力，为融化行业坚冰提供一丝热量，为穿越重重不确定性带来一缕微光。

是为后记。

王　宇

2024 年 6 月